親と先生のための
自閉症講座

通常の学校で勉強するために

リタ・ジョーダン＋グレニス・ジョーンズ＝著

遠矢浩一＝訳

ナカニシヤ出版

Meeting the Needs of Children with Autistic Spectrum Disorders

Rita Jordan and Glenys Jones

Japanese translation rights arranged
with David Fulton Publishers Ltd., London
through Tuttle-Mori Agency, Inc., Tokyo.

日本語版によせて

　私と，共著者グレニス・ジョーンズにとって，この本が日本語に翻訳されますことはとても光栄なことです。この本が日本の先生方だけではなく，親御さんやセラピストのみなさんにもお役に立てばと願っています。どのような英語の文章も日本語に翻訳していくことは非常に難しいことでしょう。自閉性スペクトラム障害というこの本の内容自体がとても複雑であり，ここで記されたこどもたちのための教育のシステムが日本の文化とは非常に異なるので，とりわけそうだと思います。しかし，この本の翻訳作業を，私が九州大学人間環境学研究科附属発達臨床心理センター客員教授として在籍している間に，私の共同研究者，遠矢浩一助教授といっしょにおこなえたことが幸運でした。原稿の前に肩を並べて座り，異なる文化的・言語的な意味をどうしたらうまく伝えられるかについて悪戦苦闘しました。残念ながら私は日本語を読むことができないのですが，最後にできあがったこの翻訳書が私たちが言いたかったすべての意図を伝えてくれていると確信しています。日本の読者にとってわか

りやすくするために特定の語句や表現をときどき変えざるをえませんでしたが，原著に書かれた本来の内容が理解されるようにとの願いから，そのような変更を同意の上でおこないました。

　本全体を通して，私たちがみなさんに訴えたいことをわかりやすく示すために多くの事例を用いました。これらの事例は著者自身が直接体験したことや観察したことから取り上げられたものです。当然のことですが，私たちは各事例の匿名性を保つためにその名前や文脈をいささか書き換えています。事例をあげたと言っても，私たちはみなさんがこの事例どおりの指導をおこなったり，教示したりしなければならないと言っているわけではありません。それはあくまでも例であって，ある特定の文脈でみられたものですし，そういった文脈と照らし合わせながら理解する必要があるものです。これはとりわけ異なる文化をもつ国の言葉に翻訳されたときには大切なことです。私たちはこれらの事例が基本的にどのような指導をおこなう必要があるのかという原則を示していると理解していただければと思っています。したがって，それぞれの先生方や，親御さん，セラピストのみなさんには，ここに書かれている状況がみなさんご自身の置かれた状況とどれほど関係しているかという視点から考えていただく必要があります。同時に，そのような状況に合わせて指導の方法を工夫していただければと願っています。

　どんな本も自閉性スペクトラム障害をもつこどもたちのために何をしなければならないか，どのように教えていけばよいのかについて完璧に伝えることはできません。なぜならこどもたちのニーズや能力，パーソナリティーがそれぞれ異なるからです。ましてや，外からやってきたものが日本の専門家に対して何をしなければならないかを図々しく言うなど生意気なことです。私たちが意図している

ことは，むしろ，読者のみなさんがこういった難しいこどもたちを
よりよく理解し，様々に異なる文脈とはいえ，他の専門家たちが見
出してきたいろいろな方法に気付いてもらうためにこの本を用いて
いただきたいということです。日本にいる間，私は自閉性スペクト
ラム障害のこどもたちのためのとても良い指導方法をたくさん見て
きました。同時に，世界中どこでもあることですが，こどもたちの
本当のニーズについてあまり理解することなく，先生もこどもも親
たちも，みんなで欲求不満になってしまっている状況を見ることも
ありました。この本を通して，日本のみなさんと私たち自身の多く
の体験を分かち合うことができ，私がここにいる間そうであったよ
うに，みなさんが私たちの体験から何かを学んで下さればと願って
います。自閉性スペクトラム障害には，どんな文化的な違いも，国
境もありません。また，私は，こういったこどもたちができるだけ
充実した人生をおくっていくことができるよう支援するための最善
の方法を探し求めている人々のすばらしい意志には何の境界もあり
えないと信じています。私は，共著者グレニス，翻訳者遠矢氏とと
もに，この本がそういった努力に何らかの貢献をしてくれることを
願っています。

リタ・ジョーダン

バーミンガム大学　上級講師

訳者まえがき

　この本は，Rita Jordan and Glenys Jones（1999）" Meeting the Needs of Children with Autistic Spectrum Disorders " を翻訳したものです。

　私がこの本を訳してみようと思い立つまでには以下のような経緯がありました。私は，平成10年3月25日から平成11年1月24日まで，文部省在外研究員として英国を中心に自閉症児を主とした障害児に対するコミュニケーション発達援助方法に関して研究する機会を得ることができました。英国でのホスト役は，当時，Sheffield 大学の教授であり，自閉症児のごっこ遊びなどの研究で有名な Jill Boucher 氏（現在，Warwick 大学名誉教授）でしたが，彼女のアレンジで多くの自閉症研究者たちと面会する機会に恵まれました。Lorna Wing, Judith Gould, Peter Hobson, John・Elizabeth Newson 夫妻，Colwyn Trevarthen といった自閉症研究における多くの中核的研究者たちと接するなかで，研究・実践双方における多くの示唆を得ることができたのです。そういった研究者たちのひ

とりが Rita Jordan 博士でした。渡英してすぐの 4 月中旬，Durham という大学町で，ある自閉症研究会が開かれました。彼女は Elizabeth Newson 博士らとともにそこで招待講演をおこなったのです。私が Durham に赴いたのには，著名人たちの講演を聴くだけではなく，もう一つ大きな目的がありました。それは，私が所属する九州大学人間環境学研究科附属発達臨床心理センターには，外国人客員教授というポストがあるので，平成11年度の客員教授を招へいするということだったのです。そこで白羽の矢を立てたのが Rita Jordan 博士でした。懇親会でのダンスパーティの喧噪のなか，‘人気者’の彼女をやっとの思いで‘つかまえて’，来日をお願いした結果，4 月20日から 7 月30日までの約 3 ヶ月間，彼女は当センターを訪れることになったのです。

　発達臨床心理センターでは，発達上の諸問題を抱えるこどもたちや心理的な不適応に陥っているこどもたちの療育やカウンセリングをおこなっています。そのため，ここには，毎日，多くのこどもたちが通ってきます。特に，近年，DSM-IV などの診断基準で自閉症，ADHD あるいは学習障害などと明確に診断されないような，障害名を特定することが難しいこどもたちの来談が増えてきています。一見，健常児と何ら変わらないように見えるのですが，いっしょに遊んでみるとなんとなく関わりにくい……といったこどもたちです。当然ですが，こういったこどもたちは親御さんや先生たちから心配されながらも，一生懸命，通常の学校に適応しようとがんばっています。私は以前から，こうした，比較的軽度ではあるけれど，とくに対人関係性に問題をもつこどもたちの発達支援の場を提供しなければならないとつねづね考えていました。そういった意図もあって，私は平成8年度より当センター，針塚　進教授の協力を得ながら，「もくもくグループ」という集団療育活動の場を作り，からだ遊びや心理劇という手法を通してこどもたちの対人関係スキルの

発達援助方法を探ってきました。そういった自分の状況を考えると，Rita Jordan 博士は客員教授としてこの上ない人物だったのです。

　氏は，英国を中心に展開されている自閉症の「心の理論障害説」―「実行機能障害説」の論争に典型的にみられるように，自閉症児・者を自閉症における中核障害を明らかにするための「研究対象」とみなしません。彼女の考え方の柱は，自閉症児と関わる我々おとなたちは，まず，こどもの立場にたってみることが大切だということです。彼女にとって自閉症者は「支援の対象」なのです。氏は，私たちはこどもの発達を支援していく立場にあること，また，自閉症とは何か，自閉症がこどもに及ぼす影響は何なのか，自閉症であることでこどもはどのように行動せざるをえないのかを理解することの大切さ，あるいは，単に'自閉症をもつ'こどもとして自閉症児を見るのではなく，自閉症であること以前に，こどもそれぞれの個性を見極めていくことの大切さを繰り返し訴えます。そういった視点から，とりわけ通常の学校に'統合'というかたちで通っている自閉的な行動特徴を示すこどもたちへの関わり方を具体的に書いてくれたのがこの本なのです。

　同じように幅広い実践経験をもつ共著者の Glenys Jones 氏とともに執筆されたこの本から，自閉症児が通常の学校で快適に過ごすことができるようにするためにはどうしたらよいかについて，こども自身に社会的スキルを学習させていく方法だけではなく，クラスメートをどのように組織化し役立てていくか，担任教師をどのようにサポートしていくか，親たちが貢献できることは何かといった幅広い示唆を得ることができるでしょう。

　「日本語版によせて」で氏自身も述べているように，英国の教育システムと日本のシステムには違いがあります。読者のみなさんも本書を読み進められるにあたってそのことに気付かされるはずです。しかし，この違いに少なからず気付いておくことだけでも我が国日

本の自閉症児教育をよりよいものとするために役立つことでしょう。そういった違いについての理解を促すために，原著にはない「脚注」を氏に特別にお願いし，各ページ末に記しました。当然ですが，原著にはこの脚注はありません。

　なお，原著には，「序文」として，英国の障害児教育システムについて詳細に述べた部分がありました。しかし，この部分は親御さんや学校の先生方といった日本の読者の皆さんには必ずしも必要ないのではないかというJordan博士の意見もあって，著者・出版社了承の上で割愛しました。

　氏が発達臨床心理センターに在職中，私は多くのことを学ぶことができました。読者のみなさんには，本書を出版することで，この恩恵をできるだけ還元できればと願っています。

　最後になりますが，本書の出版を快くお引き受けいただいたナカニシヤ出版，社主中西健夫さん，編集長，宍倉由高さん，翻訳上の表現について貴重なアドバイスを下さった伊地知敬子さんに心より御礼申し上げます。

2000年3月

訳者　　遠矢　浩一

目　　次

日本語版によせて　　*i*

訳者まえがき　　*v*

1章：自閉性スペクトラム障害ってなに？ ……………………*1*

診断とラベル付け　*1*

自閉性スペクトラム障害の基礎　*6*

教育施設のいろいろ　*9*

事例研究　*12*

2章：ことばとコミュニケーション―問題と対策― ………*21*

どのような難しさをもつのか　*21*

コミュニケーションの性質　*22*

会話の困難　*25*

伝達機能の制限　*27*

ことばの字義的理解　*32*

反復的な質問　*36*

x　目　次

3章：人との関わりを育てる …………………………41

社会的スキル指導上の難しさ　41

社会的状況で学習できるようにする　44

友人関係グループをつくる　48

からかいやいじめ　52

4章：柔軟性を身に付ける …………………………59

柔軟性のなさからくる特別なニーズ　59

柔軟性を伸ばす　62

問題解決　62

選択し，決定することを学ぶ　65

出来事を思い出す　68

概念の発達　71

5章：問題行動の取り扱いと防止 …………………………75

問題行動と自閉性スペクトラム障害　75

共通する問題　77

逃げさり行動　78

強迫的な関心の対象や活動　82

攻　撃　性　86

6章：親や養育者とともに …………………………93

親は教職員に何を提供しなければならないか？　93

親はどのように感じるか？　95

親とともに　98

家庭と学校での生徒の行動　104

xi

7章：協力する―学校全体での実践 ･･･････････････････*111*

自閉性スペクトラム障害の生徒の学校生活に関わる人々 *111*

教職員間での共通理解 *113*

生徒間での共通理解 *116*

いろいろな人との出会い *119*

'ハイリスクな' 時間と領域 *121*

学校外の専門機関とのつながり *122*

もっとも適切な措置かについての疑問 *122*

生徒が自閉性スペクトラム障害を有しているかどうかについての疑問 *124*

8章：教師のストレスマネージメント ･･･････････････*127*

教師のストレスを引き起こす要因 *128*

ストレスを処理する *131*

教職員に要求をしない自閉性スペクトラム障害の生徒 *135*

まとめ *137*

引用文献・推薦図書・資源情報 *141*

索 引 *143*

1

自閉性スペクトラム障害ってなに？

診断とラベル付け

　　自閉症者がひとりぼっちでいたとしても，特に心配してもらう
必要もありません……私たちは，非難され，笑われ，社会の礼儀
作法というプラスティック箱の中におさめられる必要もありませ
ん。私たちは，人々がすぐに受け入れてくれるような，今の自分
とは違う存在になるためにすべての人生を費やす必要はありませ
ん。次々といろんな名前を付けられて分析され，細かくついばま
れ，見本のように精密に調べ上げられ，虫眼鏡を通した大きな目
で見つめられ続けるのはもう結構です。

(O'Neil 1998, p. 199)

　この文は，ある自閉性スペクトラム障害（ASD：Autistic Spec-
trum Disorder）の方が書いたものです。自閉症者が，（他の障害
者と同じく）人とはちがった生き方をする自分の権利を訴えるよう

になった最近の傾向を表しています。これは，教育などのサービスをうまく提供するためには，早期診断が非常に重要であるとする親や専門家の見方からすると，奇妙に思われるかもしれません。しかし，実際のところは，早期診断についての考えは，自閉症者の主張と相反するものではなく，補いあうものです。ですから，教師（及び職種に関わらず便宜上"先生"と呼ばれるような教育上の役割をとる人々）が自閉症の生徒の行動を誤って理解したり，解釈したりせずに，自閉症の生徒と他の生徒の違いを正しく認識していれば，生徒たちに二次的なハンディキャップをもたせることはないだろうし，生徒のあらゆる側面を伸ばしてあげられるでしょう。

　医学的診断は，特別な教育的ニーズがあるのかどうかのただ一つの決め手とはなりません。しかし，そういったニーズが大きくならないよう援助するときに必要となる指標にはなります。それは"ラベル付けするか"，"ラベル付けしないか"という問題ではありません。私たちは，人がしている行動を見て，自然とその行動に基づいて相手を分類したり，名前を付けようとしますが，診断においては，それを間違いなく，どう役立てるのかについて考えなければなりません。生徒は，'怠惰'とか，'無礼'とか'攻撃的'と言われがちです。そしてこれらの'ラベル'をいったんつけてしまうと，私たちはそのラベルに従って，生徒の行動への対処の仕方を変えてしまうことがあります。しかしながら，一方で，診断名があると，私たちは，ある行動には，表だって現れないような隠れた理由があるかもしれないと考えることもできます。そうすることで，もっと適切で有効な対応をおこなうことができるようになります。もちろん，自閉性スペクトラム障害を有する生徒は一個人ですのでそれぞれ互いに異なるわけですが，実際上，他の生徒たち以上に異なる理由があるのです。生徒がある障害をもつことを知ったとしても，その生徒がどのように行動するのか，どういう指導を受ける必要があるかを

正確に知ることはできません。あるアスペルガー症候群の青年が，それをうまく表しています。

　　自閉症は，ラベルではありません。それは，道しるべなのです（Exley 1995：私信）。

　私たちはこの本が統合教育の環境で自閉性スペクトラム障害をもつ生徒と関わる人々が，そういった道しるべを理解するのに役立ってくれればと思っています。

　‘自閉性スペクトラム障害’は医学的には多くの異なる診断がつく諸症状からなる生物学的症候群に付けられた名前です。これらの診断をおこなうために用いられるシステムには二つのものがあります。それらの基準と類型はわずかに異なりますが，症状についての理解の仕方はほぼ共通しています。その一つは国際疾病分類第10版（ICD-10：世界保健機構 1992）で，もう一つは，精神疾患の診断統計マニュアル（DSM-IV：アメリカ精神医学会 1994）です。

　これら二つのシステムの診断カテゴリーで私たちが自閉性スペクトラム障害と呼ぶもの（Wing 1996以降）は以下のとおりです：

自閉症　autism

自閉性障害　autistic disorder

非定形自閉症　atypical autism

レット症候群　Rett's syndrome

小児期崩壊性障害　childhood disintegrative disorder

アスペルガー症候群　Asperger's syndrome

広汎性発達障害　pervasive developmental disorder

特定不能の広汎性発達障害　pervasive developmental disorder, not otherwise specified

語義・語用障害　semantic pragmatic disorder

4　1　自閉性スペクトラム障害ってなに？

　診断では，ある生徒の特別な教育的ニーズを判定書*1に書き記したり，記録したりする目的でおこなわれている場合，上の診断名以外の曖昧な記述を用いることがあります。たとえば，'自閉的特徴'，'自閉的特性'あるいは，'自閉的傾向'などです。下に述べるように，このような用語は何の妥当性ももっていません。しかしながら一般的に，診断をおこなう人が診断名を確信できなかったり，上にあげたいずれの障害にも診断基準上合致しないけれど，そのこどもがやはり'自閉的な'困難性をもっていると思った場合に，こういった表現を用いるようです。

　語義・語用障害*2は，しばしばアスペルガー症候群の診断がなされるようになる前に用いられましたが，だんだん共通認識されるようになってきました。そして，今後，主に言語療法士を中心とした専門家から用いられることになるでしょう。これはこどもが文法や語彙といった構造的な意味での高い言語能力をもっているにもかかわらず，社会的文脈にあったかたちでことばを意味づけたり，理解したりすることに困難を抱えることを示します。話すことができるASD者でも，ことばの字義的な意味を理解することが難しいという意味論上の困難だけでなく，ことばの裏にある真の意図を理解する語用論上の困難をも抱えます。ここで問題となるのは，これらの困難だけを抱えつつASDを特徴づけるような障害の三つ組*3の原因となる社会性と柔軟性に関する困難をもたない人がいるのかどうかということです。たいていの研究によれば，語義・語用障害児は，そういった社会性や柔軟性の困難をももつことが示されています。

---

*1　判定書（statement）：イングランドとウェールズで用いられている公式文書で，こどもの特別な教育的ニーズとそのこどもに必要な特殊教育設備について言及したもの。

*2　語義・語用障害（semantic pragmatic disorder）文法と発音は正常に発達しているが，ことばの慣用的な意味を理解できず，また，社会的文脈に応じたかたちでことばを理解したり，使用することができない言語の障害。

その困難の軽さにかかわらずです。実践的な観点からみれば，語義・語用障害児すべてが，ASDをもっているかのように取り扱ってみることが有効かもしれません。

　自閉性スペクトラム障害をもつ生徒のかなりの割合で，同時に知的障害がみられます。それが重度であることもあります。アスペルガー症候群や'高機能自閉症'の人々は知的障害をもたず，実際，知的に非常に高く特定の領域に優れていることもありますが，失読症のような特殊な問題をももつことがあります。さらに自閉症の場合，感覚的，身体的な困難を併せもってしまうことを避けるすべも特にあるわけではありません。年長のこどもや青年が精神病を発症することもありえます（それは他の人々と同様です）。また自分が他者とは異なるという気付きが生じたり，あるいは，通常なら，こどもにとってとても大変な幼児期から青年期への発達を支えてくれる友達がいないためにうつ病になるということさえあり得ます。

　自閉性スペクトラム障害による学習上の困難は，'差異'としてよりよく特徴づけられるでしょう。彼らがうまく適応できていないときに，そういった差異が，うって変わって'困難'となってしまうのです。統合教育の環境では，彼らをうまく適応させることは，時に，難しいこととなるかもしれません。しかし，それは不可能ではありません。この本は自閉性スペクトラム障害の生徒がもつ視点を教職員が理解し，彼らの差異を学校がうまく取り扱うための手助けをすることを目的にしています。何を求められているのかを理解したり，通常の学校のきまりを守ることがなぜ難しいのかというこ

前頁*3　障害の三つ組（triad of impairment）すべての自閉性スペクトラム障害で影響を受けている3つの発達領域であり，社会的相互作用（social interaction），コミュニケーション，思考と行動の柔軟性を言う。当初，Lorna Wing & Judith Gould（1979）が社会的相互作用，コミュニケーション，イマジネーションを障害の三つ組としたが，Rita Jordanは三つめの特徴を思考と行動の柔軟性と考えている。

とをわかってやるためには，柔軟性が必要となります。指導がうまくいっている日には，どんな問題行動も教師にとってむしろ刺激的なものとなるでしょう。そして，自閉性スペクトラム障害の生徒を指導することはとても充実感があり，また楽しいこととなりえます。一方，あまりうまくいかない日には，教師にとってあらゆることがとても難しく思われ，自分が，とても多くの間違いを犯していると感じるでしょう。さらには，こどもがどこか専門家のところに行った方がいいとさえ思ってしまうのです。ときにはその通りであることもありますが，魔法のような解決法があるわけではありません。自閉症者と関わるなかで特殊な技能を獲得した人においてでさえそうなのです。生徒と関わり，できる限り教育をうける権利を認めることは彼らのニーズを満たす際に重要なステップとなります。教師は皆，自閉性スペクトラム障害児の指導をおこなう際に，誰でも失敗を犯しうるということを心に留めておかなければなりません。なぜならば，私たちが通常，他者に対しておこなうような自然な関わりだけでは彼らには不十分だからです。たったひとつの秘訣は，それらの失敗に気付き，その失敗から学ぶということです。

自閉性スペクトラム障害の基礎

すべての自閉性スペクトラム障害に共通する特性は'障害の三つ組'（Wing 1988）として知られるようになりました。それは，前の節で説明したように，障害というよりも発達的差異としてよりよく特徴づけることができます。おのおのの診断名には，これら3つの発達領域に関連する診断基準があります。ただし，これらが特殊な行動というよりも，発達領域について述べていることに注意しておきましょう。というのは，それが認められれば，そのまま自閉症の特徴とされてしまうような行動はないからです（それが'自閉的

特徴／傾向'と呼ぶことが誤っている理由ですし，'自閉的特性'と呼ぶことの無意味さでもあります）。そして，診断がおこなわれる前に，これら三つのすべての領域に'障害'が認められなければなりません。自閉性スペクトラム障害は，欠如しているとか，あるいは異常なほど遅れているというような発達上の問題によって容易に特徴づけられます。そして，生徒の行動の仕方は，こういった発達上の困難を反映しています。さらには，それは個人個人で異なるのです。これらの個人差は，他に見られる何らかの困難や，あるいは優れた能力，こどものパーソナリティー，その生徒の経験，生徒がおかれた特定の状況などとも，相互に影響を及ぼしあいます。個人差だけではなく，そのこどもの一つの特徴も長期的には変化していくこともあります。

社会的相互作用：これが，もっともはっきりとした差異を示す領域です。しかし，そうはいっても大きな個人差があります。生徒の中には，おとなにも仲間にも関わらず，強く引きこもってしまい，その結果，孤立してしまうこどもがいます。いわゆる自閉症の古典的特徴といわれるものです。一方，両親などの親しいおとなに対しては，とてもよく依存する生徒もいます。また，兄弟のような親しいこどもとなら，受動的ではありますが仲間に入ろうとするこどももいます。しかし，自ら他者と関わって，友達になるといったことには困難を抱えるのです。統合教育の環境において共通していることは，とても社交的に見える生徒についてのことです。というのは，そういったこどもたちは，大人とも仲間とも自ら関わろうとするのですが，そのやりかたが不適切なので，社交的な意味あいにおいて不器用で世間知らずに見えるのです。これは，通常の仲間行動が欠けているとか，障害をもっているということなのではありません。彼らは社会的なシグナルを理解することができず，学校での学習の

大きな特徴といえる，人とのやりとりを通して学ぶということが難しいのです。

　コミュニケーション：ことばを用いる際に見られる困難は，あらゆる自閉性スペクトラム障害に共通する特徴です。しかし，統合教育の環境で勉強できているほとんどの生徒は，話しことばには，はっきりとした問題をもちません。けれども，自閉性スペクトラム障害は，本来のコミュニケーションそのものがもつ意味を理解しないままに，文法や構音といった言語の構造学的側面だけを発達させてしまうという障害です。語彙や構音の能力がどれだけ優れていても，自閉性スペクトラム障害の生徒は，人とコミュニケーションするためにどのようにことばを用いるのか，あるいは，他者が何を本当に言おうとしているのかを理解することが難しいようです。彼らは，ことばを字義どおりに解釈する傾向があり，話し手が本当に言おうとしていることを考えることができないのです。

　非常にわかりやすい表情や身振りについては必ずしもそうではないのですが，これらのこどもたちは，表情・身振りに自ら注意を向けることがほとんどありません。あるいは注意を向けても，なんだかわけのわからないものと思ってしまうようです。自分が聞いたことばをイントネーションそのままに繰り返すこどもたちがいることを考えると，ことばのイントネーションを聞くことそのものはできるようです。しかし，通常，イントネーションパターンが伝達する意味を理解することができません。一般に，ながながと独り言のようにしゃべり続けるこどもでも，いったん，それが会話になるとうまく話すことができなくなってしまいます。また，とりわけ相手の話が長かったり，速かったりすると，やはり，それを理解することが難しくなります。したがって，こういったこどもたちが，一見，いくら流暢に話しているように見えても，それがそのまま，彼らの

言語理解の能力を映し出していると考えてはなりません。

柔軟な思考と行動：よく，'想像力'の困難は，思考と行動の柔軟性の問題として語られます。しかし，それは誤りです。統合教育の環境にいる自閉症の生徒は，自分の想像力から何かを作り上げるということに困難を示します。けれども，それは彼らが，視覚的，音楽的または言語的な，すぐれた芸術家になれないということを意味しているわけではありません。彼らは，早期幼児期に，他者とごっこ遊びをすることができません。しかし，自分の好きな遊びの繰り返しのなかでは'想像する'能力を示すことがあります。つまり，他者が想像していることを自分でも思い浮かべてみたり，遊びのシナリオを一緒に作り上げるといった場合に難しくなってしまうのです。彼らの日常的な学習体験として大切なのは，次のようなことです。すなわち，自分の体験から，その本質的な社会的・文化的意味を抽出すること，学習したことを新しい状況に当てはめて考えること，機械的ではないかたちで問題解決をおこなうこと，思考や行動上，こだわってしまっている強迫的に思われるほどの狭い関心を広げること，などです。

教育施設のいろいろ

統合教育における教師が，自閉性スペクトラム障害を有する生徒に出会うかどうかは，実際にこどもがそういった障害をもっているかという理由だけでなく，行政や地域の教育政策にもよります。それはまた，こどもの年齢やこどもの置かれている状況にもよるでしょう。幼稚園の段階で統合教育の環境にこどもを取りこむ場合，こどもの発達や行動を評価する目的をもっていたりすることがあります。その結果として，自閉症の専門家や特殊学校，附属センター[*4]

を紹介されるに至る場合もあります。農村地域にある統合教育の学校は，附属センターや通級学級（resource basis）を設置してこどもの教育にあたらなければならないほど多くのこどもがいる地域よりも，いろいろな生徒を在籍させる必要があるかもしれません。いずれにせよ，一つの教育施設の形態がすべての自閉性スペクトラム障害の生徒にふさわしいとはいえません。個々の生徒のためにもっともふさわしい環境を決定するためには，学校の特徴だけでなく，両親の意見を聞くことも手助けになるでしょう（Jordan and Powell 1995a）。

表1-1は統合教育措置の是非を示したものです。ただし，これらはかなり一般的な考え方ですので，統合教育の学校それぞれで，多くのバリエーションが考えられます。ある生徒のための'理想的な'措置は，時間がたてば変わりうるということを肝に銘じておく必要があります。私たちは（Jordan and Powell, 1995b；Jordan and Jones, 1996），自閉症児を早期から特殊教育環境に置くのは，将来的に，より通常に近い環境で学習するための力を養うためであると考えています。

統合教育が強調され，同時にすべての専門家が自閉性スペクトラム障害ということを認識するようになりました。このことは特殊教育が通常の教育から離れた特別な環境だけでおこなわれなければならないわけでないということを意味しています。実際，自閉性スペクトラム障害のこどもが，通常から分離された環境だけでずっと教育されることはまれであると言うほどにならなければなりません。基本的なスキルを指導するためには，そういった環境が当初は必要

前頁*4　附属センター（unit）：通常学校や特殊学校とその場所や建物をふつう共有しており，それらの学校長の管理下にあるが，附属センター長もいる。附属センターには学級が一つしかなかったり，複数あったりするが，通常，ASD のような単一の障害をもつこどもが措置される。

表 1-1　自閉性スペクトラム障害児の統合教育措置における是非

是	否
1. 社会的行動や言語学的行動の'より良い'モデルに接することができる。	1. 多くの教職員と生徒を理解しなければならないし、それに順応しなければならない。
2. ナショナルカリキュラム*5を含む、すべてのカリキュラムを容易に受けることができる。	2. 生徒の特別なニーズに合わせてカリキュラムが計画されないかもしれない。
3. こどもの興味と得意な領域を伸ばすために特別な教科指導をおこなうことができる。	3. 自閉性スペクトラム障害に対する知識を教職員がもたないかもしれない。
4. '親友'あるいは指導の補助者として仲間を用いることができる。	4. 特別な大人のサポートが割りあてられない限り、こどものニーズを特定し、それにあわせ、能力を伸ばすための教職員数と生徒数の割合が低い。
5. 知識やスキルを発達させ、人生の可能性を伸ばすことが高く期待できる。	5. ストレスを軽減し、学習を可能とするようなカリキュラムが現実的にあまり期待できないし、利用できない。
6. 教科学習を促し、資格や職種を選択できる幅広い機会を提供できる。	6. 機能的文脈で学習し、人生の可能性を妨げるような困難に言及するような機会が少ない。
7. 社会に統合し、家族を取りこむための地域的機会をもつことができる。	7. その障害の個々の影響についての理解が乏しくなり、家族を支援するための資源が少ない。
8. 社会に対して ASD に対する気づきや耐性を広げる機会をもつことができる。	8. 教職員が他の職員と問題や体験、成功を共有し、助けを得るための機会が乏しい。
9. 文化的価値や社会のルールの理解を伸ばし、それに従うことを学ばせる良い文脈が提供できる。	9. 枠組みとしての'正常性'を仮定しているため、差異についての理解やそれに対する耐性を減らしてしまう。

かもしれません。しかし、それでも、統合教育の教師は、これらの生徒たちを段階的に統合していかなければなりません。青年期になって、再び専門職のいる入所施設に入って、自立生活をするための

---

*5　ナショナルカリキュラム（National Carriculum）：イングランドとウェールズですべてのこどもが受ける権利がある、決められたカリキュラム。

スキルを学び，おとなとしての生活への難しい移行をうまくおこなうための援助を受ける必要がある生徒もいるでしょう。つまり，専門家と統合教育の環境間の移動は，排斥というよりも，計画された進展であるべきなのです。そして，そのプロセスは，一般的に専門家から非専門家のところへという方向性をもつべきで，その逆であってはなりません。

―― 事例研究 ――

　以下の事例は，統合教育をおこなわれた，あるいは現におこなわれている生徒や青年について書いたものです。これらは必ずしも同じ障害あるいは同じ年齢の他のこどもに共通するといった自閉性スペクトラム障害の典型例ではありません。それぞれの事例が独特です。これらの事例を選んだのは，統合教育をおこなわれているASDの生徒がもつろいろな能力を示し，統合教育という措置を成功させるには，彼らがもつさまざまなニーズをどのように取り扱わなければならないのかを明らかにするためです。

エイミー：統合教育の保育園に在籍する自閉症と知的障害をもつ3歳児

　3歳のエイミーは金髪の巻き毛で，くすくす笑う明るく小さな女の子でした。彼女は，教職員にも他のこどもたちにとっても，一見，とても魅力的に見えました。しかし，ゲームに参加するのが難しかったり，自分の髪の毛をつかんで引っ張ったりするために，エイミーに対する興味は失われて，むしろ，彼女を避けてしまうようになったのでした。エイミーといえば，一つの活動から次の活動へと次々と変え，ときどき，物を拾い上げては口に入れ，しばしばテーブルにあるものをすべて床の上にひっくり返すのでした。彼女が引

き起こした行動によって他の人たちの不安が高まり、怒りを感じれば感じるほど、彼女はそれを面白がっているようで、結局、こどもたちも教職員も激怒してしまうのでした。

エイミーは歩くというよりもつま先でずっと走りまわっていましたが、運動発達上、このことがどういう意味をもつのかということを教職員に説明するような作業療法的あるいは理学療法的なアドバイスもなく、また、これらの問題を解決するための訓練やマネージメントについてのアドバイスもありませんでした。彼女が2歳半で保育園にやってきたときには、まだ哺乳瓶から飲んでいましたが、教職員は彼女がコップから飲むように離乳させました。しかし、彼女がそれをすぐに投げ捨てようとするため、監視しておく必要がありました。彼女は話をすることはありませんでしたが、'歌う'ことはあり、ある文脈の中では、発話音声を用いていました。ことばによる指示には応答しませんでしたが、自分の名前に応答することはうまく教えることができました。教職員と手遊びは楽しむことができ、とりわけ、くすぐりや追いかけっこを教職員や他のこどもたちとおこなうことができました。

彼女は特に音楽には応答的であり、静かに座っているのは器楽曲に聴き入っているときだけでした（とりわけ生演奏のときでした）。巡回音楽療法士がグループを訪問し、音楽遊びの文脈の中で彼女とのやりとりを育てることを教職員は教わりました。そしてそれが成功をおさめたのです。

とても多くのこどもが、いくつかのクラスに分かれているものの建物の一つの空間にいるような構造（オープンプランアレンジメント）にしたり、保育園の構造をゆるやかにすることはエイミーにとってふさわしくありませんでした。そして、教職員は、彼女に集中して学習させたければ何らかの構造を取り入れる必要があることを認識しました。毎日、1対1の学習が部屋の隅でおこなわれ、スク

リーンによって，周囲の'ごちゃごちゃ'から隔てられました。そのようなアレンジによって，エイミーは多くの机上の活動を学習しました（鉛筆で線を引く，書かれた自分の名前をわかる，ビーズ玉にひもを通す，本に書かれているものに名前を付ける，物をカテゴリーに分類する，簡単なパズルなど）。そして20分間注意を集中し続けることができるようになりました。残りの時間は彼女に教職員が'ついて回る'ことによって，トラブルを避け，他のこどもたちの中に加わるように援助されました。彼女は他のこどもたちと一緒に単純な社会的ゲームならやれるようになりましたが，ただそれは彼女が理解できるような構造を提供する音楽が奏でられているときだけでした。

4年経ったときに振り返ってみると，彼女は多くの領域ですばらしい進歩をみせていました。しかし，発話も，他のこどもと一緒に遊ぶということもあまり進歩させることができていませんでした。教職員はエイミーが彼らとしっかりとコミュニケーションできるようにするにはどうしたらよいか，ということについてのアドバイスを受けました。そしてエイミーは絵画交換伝達システム（PECS）[*6]を使うことによって教職員や両親に対して自分が欲しいものを要求することを教わりました（Bondy and Frost, 1994）。教職員も両親も，一日を通じて彼女が欲しいもの得るために伝達をしなければならない機会を作るようにしました。そして，彼女が他のこどもたちと一緒に遊ぶように手助けする方法や他のこどもと短いやりとりゲームに携わるようにするための方法が取り入れられました。彼女は1年生に入学した時点でも引き続き密接な指導が必要でした。また，コミュニケーションやその他のスキルを指導するにあたっては個別の時間が必要でした。

[*6] PECS (Picture Exchange Communication System)：自発的なコミュニケーションを促すための記号を用いたコミュニケーションシステム。

ジェームス：小学校に在籍する自閉症の7歳児

 ジェームスは7歳の自閉症の男の子です。彼は5歳の時に小さな村の小学校に入学しました。しかしそのときには彼の公式の診断はありませんでした。彼はことばと社会的な発達に困難を示していましたが，そのために3歳のときに言語療法士のところに紹介されました。自閉症ということは両親には伝えられていなかったので，両親は自分たちがジェームスの行動をコントロールしたり，彼と関わる際に体験する難しさを発話の発達の問題のためだと考えていました。両親はジェームスが話すことができるようになれば，もう欲求不満になることもなく，なにが問題なのかを自分たちに話せるようになると考えていました。両親はまたジェームスが他のこどもたちと関わるなかで，自分の問題を解決していくと思っていました。

 5歳になるまでに，彼は発話を発達させ，流暢に話すことができるようになりました。けれども，いまだに人との会話を聞いているようにも感じられず，会話に関わることもできませんでした。そして彼の行動と社会的な問題は，良くなったというよりも，むしろ悪化してしまったようでした。彼の教育的ニーズについての公式のアセスメントが必要になり，およそ6歳のときに自閉症という医学的診断を受けました。診断および特別な教育的ニーズの程度が考慮された結果，ジェームスは特別のサポートアシスタント[*7]から週15時間の援助を受けるべきであることを示した判定書が記されました。一人の人が（その人は統合教育の中で特別なニーズをもつ他のこどもたちを援助したことはありましたが，自閉性スペクトラム障害についてはその経験がありませんでした。），学校にいる間中，ジェームスとともに過ごしました。地方当局はそのような教職員のトレー

[*7] サポートアシスタント（support assistant）：あるこどもが授業を受けたり，行動をマネージする際に援助するために雇われた大人で，通常，教員免許などの資格をもたない。

ニングコースをもっているわけではなく，また自閉症のための訪問支援教師[*8]をもっているわけでもありませんでした。しかし地方当局の方が教師とサポートアシスタントの両者のために何日間かにわたって開かれる自閉症に関する勉強会に参加するための費用を出し，また教師は，情報を提供したり実践上のアドバイスをしてくれる地域の自閉症協会と，親を通じてコンタクトをとりました。

　7歳のときにジェームスは与えられた課題のほとんどについていくことができるようになりました。とは言っても，なにをしなければならないのかということを説明してもらい，自分の時間を構造化し，課題を'やり続ける'ためにサポートアシスタントに頼らなければなりませんでした。遊びの時間と食事の時間の過ごし方が教職員にとっての問題となっていました。というのはジェームスは他のこどもたちと遊ぶということを学んでいなかったからです（こどもたちが彼と遊ぶということも学んでいませんでした）。そのころ彼のサポートアシスタントは，ジェームスと同じ休み時間に休憩をとっていました。そのため，ジェームスはその休み時間にはサポートアシスタントに頼ることができないでいました。すると，ジェームスはたびたび，運動場から学校の中に戻ろうとして，コンピューターを扱ったり，荷物置き場の中にある椅子の後ろに隠れたりしていました。もっと心配だったのは，彼が他のこどもたちからいじめられたり，からかわれたりするかもしれないということでした。他のこどもたちが自分のそばに来ただけで激高し，彼らを蹴りあげようとしてしまっていたのです。彼は罰を受け入れることもなく，また，忠告すら受け入れることはありませんでした。彼は校長が彼に話しかけても逃げ去ってしまい，給食の時間に，教室の中に入りこもう

[*8] 訪問支援教師（outreach support teacher）：地方教育当局や特殊学校に在籍する教師で，統合教育学校の特別な教育的ニーズをもつこどもを指導する教師をサポートする役割をもつ。

とするのを止めようとする給食係の女性をも蹴りあげてしまうのでした。

　彼のサポートアシスタントはほんの少しだけ早めに休憩をとって,遊びの時間にジェームスを援助するように求められました。ジェームスのために友達の輪*9が作られ,彼らとうまく遊ぶ能力を育てようとしました。そしてクラス活動の中でパートナーとうまく作業を進める能力を育てようとしました。友達の輪が作られてほんの数週間のうちに,こどもたちは結果的に自分自身の方法を身に付け,サポートアシスタントは,何かのためにそばにいるとはいえ,もはや必要なくなっていったのです。

アーメド：統合教育の学校に在籍するアスペルガー症候群の15歳児

　アーメドは14歳になるまで診断を受けていませんでした。彼は,扱いにくいこどもではありましたが,早くからことばを発達させ,とてもおしゃべりでした。そして,恐竜に特別の関心を示し,後には地質学に興味をもつようになりました。彼の'奇妙さ'は優れた知能の結果であり,彼が末っ子で,上の兄弟と4歳も違っているので赤ちゃん扱いされているからだと思われていました。彼の両親はインドからの最初の移住者世代で,彼らの文化は'家族'の問題と考えられるようなことに対しては外部に助けを求めないというものでした。診断がなされてからでさえも,両親はどんな自閉症児親の会にも所属しようとせず,学校の会合での両親の関心は,アーメドの障害の意味というよりもむしろ学力の進歩ということでした。学校側は,アーメドが家庭でも行動上の問題を示していると疑っていました。しかし,このことは,アーメドが万引で'捕まった'とい

---

*9　友達の輪（circle of friends）：統合教育学校に在籍する生徒たちがグループを作って特別な教育的ニーズをもつ生徒の抱える問題について教師と日常的に話し合い,自分たちにできる解決策を提供する。

う事件があり、警察にそのような行動について説明することが学校に求められたときまで実際に話し合われることはなかったのです。

学校は、特殊領域助言教師[*10]が統合教育の学校教職員に対して巡回相談をおこなっている市街地にありました。アーメドの問題が初めて学校に認識され、診断が必要とされたのは、たまたま他の生徒に関するアドバイスが行われたときでした。診断に続いてアーメドのニーズが再検討され、二重のシステムが導入されました。まず、彼が得意な教科においては先に進んで一年の早いうちからGCSEs[*11]を修得することが認められました。また、彼は、コンピューター支援学習を通してより高い水準の関心を追求すること、さらには、地域の単科大学で開かれている地質学の講義に出席することをも認められました。単科大学に出席するためには、いくらかの社会的スキルを発達させる必要が出てきました。それゆえ、自分に欠けていることや、まだうまく発達させていないスキルに自分自身気づくことが求められました。そしてこれらの目的のために、自分自身のプログラムを作り上げることが必要となったのです。

さらに学校では、彼を支援するために、友達の輪（Taylor 1997, Whitaker *et al*., 1998）が作られました。とりわけ、休み時間などのあまり構造化されていない時間内に行われました。やがて、授業から授業へとスケジュールが次々と変わったり、宿題をするということに対処するための何人かの特別の友達ができてきました。一方、ある学科における彼のスキルやコンピューターを取り扱う能力を生かして、アーメドも他のこどもたちを手伝ってあげられることが示

[*10] 特殊領域助言教師（specialist advisory teacher）：ASDのような特殊な領域についての専門的知識をもつ教師で、公共団体に所属し、施設職員を指導したり、サポートアシスタントや訪問教師のトレーニングをおこなう。

[*11] GCSEs：国が定めた通常16歳時点でおこなわれる試験で、各教料に関して、進級するために必要な学力が達成されているかどうかを確かめるためにおこなわれるもの。

されました。そのようななかでアーメドは自己評価を高め、仲間といくらかの友人関係を作り上げることができました。彼はいまだ、時折問題を示しますが、新しい状況やストレスフルな状況に関わるためのソーシャルストーリー[*12]などの方法を身に付けることができたのです。そして過去のできごとについて考え、そのことから学習することができるようになりました。彼は統合教育における学校教育を終え、最近は、家の仕事を手伝うという目標に向かって、会計・ビジネス管理に関する大学に通っています。

[*12] ソーシャルストーリー(social story):実生活上どのように行動したらよいかを文字や絵で描いたもので、新しい状況や処理することが難しい場に対応するために、あらかじめこどもは、それを見てリハーサルすることができる。

2

ことばとコミュニケーション
——問題と対策

どのような難しさをもつのか

　自閉症それ自体が，語彙や文法などの構造学的な言語発達の問題を，直接引き起こすわけではありません。しかしながら，非言語的には正常な知的能力をもっているにもかかわらず，言語にだけ特異な困難をもっていたり，あるいは，重度の知的障害からくる言語獲得の問題を併せもつことがあります。たまに言語獲得（母国語，第二言語や外国語）が自閉性スペクトラム障害者において優れた領域であることもあります。しかし，この領域の学習に問題をもつことの方がむしろ一般的です。定義によれば，アスペルガー症候群を有する人は正常もしくは，ほとんど年齢に見合う正常なかたちでことばを発達させます。しかし，自閉症の人はふつう，たとえ高機能自閉症であっても，話しことばの獲得に遅れを示し，他の発達領域と比較して，学習や表現の言語的側面に困難を抱えるようです。

もしこどもが話しことばを発達させなければ，あるいは，精神年齢相応の発話がみられなければ，親や教師は，こどもが問題をもっているという事実に気付かされるでしょう。そして，その生徒と関わる際に，そういった困難を考慮するようになるでしょう。しかしながら，たとえば，ある生徒が流暢に話すのだけれども，しゃべるのをやめないというような状況に教師が遭遇すると，こどもが話しことばを処理することに問題をもち，また，コミュニケーションを理解することが難しいことに気がつかないかもしれません。また同様に，そのこどもとやりとりする際の難しさを考慮しようとしないかもしれません。つまり，ことばをはっきりと話す能力は，一方でこどもの本当の困難や遅れを覆い隠すかもしれないのです。あるいはそのこどもが必要な援助を受けることを妨げたりすることさえあるのです。

コミュニケーションの性質

どの程度これらの問題がみられるのかを理解するために，また，彼らが実践上どのように処遇されるかを理解するために，言語とコミュニケーションの違いについて理解する必要があります。言語はしばしばコミュニケーションのシステムとして定義されますが，自閉性スペクトラム障害は，言語がいかにそのコミュニケーション上の役割から離れたかたちで発達するのかを示しています。他のこどもたちも，話しことばを獲得する際に困難をもつかもしれません。また，その程度がどれほどなのかによって，彼らのコミュニケーション能力は制限されるでしょう。しかし，彼らは身振りとか手真似などの手段を用いて，コミュニケーションを最大限に補おうとします。しかしながら，ASD児はコミュニケーションする能力以前に，あるいはそれがないままに話しことばだけを発達させてしまうこど

もたちなのかもしれません。また，話しことばを発達させることができないこどもの場合，身振りや手真似を通して補うことはありません。そして，そのような他者の身振りや手真似の意味を理解することも非常に困難なのです。

　伝達するためには以下のようなことが必要です：

●伝達意図
●何を伝達するのか
●どのようにして伝達するのか
●なぜ，伝達するのか

　ASD 児は，通常，伝達意図を欠いているように思われます。しかし，必要なニーズを満たすために，要求したり主張したりといった方法は学習します。彼らは誰かが見ているものを見ることができるし，指示されればそれを指さすこともありますが，自発的に他者の視線の方向を見ようとはしません。それゆえ，彼らは他者と注意を共有することができません。赤ちゃんのときもその後も，自分のために人が持ち上げてくれたものに自然と注意を向けることがありません。また，それを見つめたり，指さしたりすることもありません。さらに，'ここ'と'そこ'，'私の'と'あなたの'などの対象指示的なことばを用いることがないのです。このことが環境のどの側面に名前が付けられているのかがわからない意味論的な困難や，語られていることへの気付きの欠如，他者についてどのように述べるかということについてのわからなさ，人称代名詞の使用上の問題（あなた，彼／彼女という代名詞を人が使っているとそれを自分に関係づけて聞いてしまうために，いつも自分自身について語っているものと考えてしまいます）を引き起こしてしまうのです。

　ASD の生徒は，多くの情動体験をしており，しばしば事実に対

してはとりわけ良好な機械的な記憶能力をもっています。そして，（認知能力次第では）さまざまなことについて考えることができます。しかし，自分自身の心的過程について気付くことができません。したがって，物事について知ってはいるけれども，その知識が何らかのきっかけで引き出されるまで，自分がそのことを知っているということを理解することができません。また，彼らは怖れや怒りを感じることはありますが，その情動を伝達することができません。なぜならば，それらについて深く考えることができないからです。さらに，知識や体験を共有するということの気付きのなさ，および自分の心的過程が他者のものとは異なるということへの気付きのなさのために，他者にどういったことを話しかければよいのか，あるいは，どのような話し方が冗長すぎるのかを判断できなくなってしまいます。結果的に彼らの発話は，あまりに知識をひけらかすようなものであったり（通常は曖昧にされたり，共有されたりするような情報を明らかにしてしまうことがあります），あるいは，曖昧であったりするのです（必要な文脈を提供することができなかったり，他者と自分が体験を共有した機会をもたない場合ですら，自分のように他者が同じ情報を知っていると考えてしまいます）。

　ASD児がコミュニケーションの手段に問題をもつということは容易に理解できます。保育園をのぞいて，統合教育環境において言語（話しことばも代用となる言語も）をもたないASD児はそれほど多くはありません。しかしながら，統合教育における教師がこどもの言語発達を支援しているような状況では，自閉症に特異に生じる可能性がある困難に気付いておくことが重要です。サイン言語は発話と同じく非常に難しいものです。そして写真，絵，記号，あるいは文字は，発話を発達させるためのもっとも良い道のりだと思われます。

　最後に，自閉性スペクトラム障害の中には，なぜコミュニケーシ

ョンしなければならないのかという点にも問題をもってしまうものがあります。こどもがせっかくコミュニケーションしようとしているのにそれがわかってもらえなければ，コミュニケーションの動機付けは低下します。そして，これは，ASD児においても起こりえます。なぜならば，彼らは慣用的なコミュニケーションの仕方をせず，それが独特なため，結果的に理解してもらえないからです。言い換えれば，こういったことは，こどもがコミュニケーションすることをあきらめてしまうことにつながりえますし，自分自身のやり方のなかで，以前うまくいった方法に頼ってしまうことになるのです。同じように，人に伝えるということに関する，なんらかの'プレッシャー'も必要です。この'プレッシャー'というのは，こどもが何を欲しがっているのかがあらかじめわかっていると，ついつい大人が避けてしまうものです。たとえば，こどもが学校から帰ってきたときに好きなビデオがまだ用意されていなかったり，朝，テーブルの上に朝食のシリアルが用意されていないとこどもがパニックを起こすような場合には，両親はそれを避けるために，あらかじめそれらを用意しようとするでしょう。この場合，こどもにとって人に伝えるということのプレッシャーはないことになります。'プレッシャー'という用語は，ここでは，こどもに対してことばやこども自身にとって最良のコミュニケーション方法を用いるように強制しなければならないと言っているわけではありません。そうではなくて，こどもが自分の要求を人に伝えるという機会を教職員が作っておく必要があるということを述べるためなのです。

会話の困難

ASDの生徒は会話の話題を理解することが困難です。それは，会話をひっかきまわさないで自分の話題を持ちこむにはどうしたら

よいか，話題を保ったり，広げたりするためにどうしたらいいかを理解しなければならないときに起こる問題です。彼らは，また，ぶっきらぼうになったり荒っぽくなったりしないで，会話を自分のほうに引き寄せるためにはどうしたらいいかを理解することも困難です。これらのスキルのうちのいくつかを獲得したときでさえ，会話のタイミングは非常に難しく，しばしば他者を妨げ，不愉快になるような会話の休止を入れてしまったりします。なぜならばいつ休止が来るのかを予測できないし，いつ自分の順番がきたのかや，いつ発言権を他の人に引き渡すべきかがわからないのです。さらには，人の言うことにうまく耳を傾けることができませんし，自分の関心があることについての独り言に会話のやりとりを変えてしまいたがります。また，自分自身話し続けることの方が，人の話を聞くことよりも簡単だと思っているようです。しかしながら，このスキルは直接指導[*13]をおこなうことによってしばしば少しずつ発達させていくことができます。

　発達早期の会話スキルは身に付けさせることができるとはいえ，流暢かつタイミング良く会話をおこなうための高い水準のスキルを発達させることはだんだん難しくなってきます。生徒には，話している最中にマイクなどのものを持たせ，他の生徒の順番になったらそれを渡すという方法で指導することにより順番交代ということを教えることができます。また，物語を聞き，その話題をくみ取るということを，話のとおりに人形を使って演じてみることによって教えることができます。さらに，人の話していることに耳を傾け，それを考慮に入れるということを，小グループが順番にある対象に対してコメントするという状況で教えることができます。それぞれのこどもが他者のコメントとは異なるコメントをおこなうというゲー

---

*13　直接指導（explicit teaching）：通常から暗々裏の意味理解に従って行われる行動が難しいので，直接はっきりと考え方や行動の仕方を指導するもの。

ムを設定するわけです。彼らには他者にインタビューし、その答に基づいてさらに、次の質問をするという学習によって、人の話に耳を傾けるということを教えることができます。これらすべてのことが会話能力を育てるための基礎として役立つのですが、それらを適切なタイミングで、意味ある文脈において、同時に用いるということは、ASD のすべてではないけれどもほとんどの生徒には理解できないことなのです。基本的なスキルをマスターした後に、それを用いる練習をさせることが行動を改善するためのもっとも良い方法なのです。

伝達機能の制限

問題：年少の ASD 児は、統合教育の学校に在籍していても、どんなコミュニケーション意図も発達させないことがあります。また、きわめて狭い伝達機能しかもたないような独自のことばしか用いようとしないこともあります。典型的なことですが、コミュニケーションの状況に関わらず、また周りにいる'聞き手'の関心や伝達の必要性に関わらず、要求し、主張し、関心がある話題について説明し続けるのです。彼らはまれにしか他者の注意を何かに向けさせるためにことばを用いません。そして、周囲の状況についてコメントしたり、他者のために知識を提供したり、他者から知識を聞き出そうとすることがほとんどみられないのです。彼らが質問に答えることもあるのですが、彼らの答えはそれらの質問によって引き出されているだけであって、他者にとって必要な情報が何かを自ら考えたり、それを自ら提供しようとしているわけではないのです。同じように、彼らは強迫的だと思われるほど、質問をしてくるかもしれませんが、その目的は、伝達的ではないものとなってしまっているのです。

アプローチ：コミュニケーションということそのものの理解を促し，伝達意図をどのように表現すればよいかを学ばせる必要があるとても年少のこどもには，伝達機能のなかでも要求をおこなわせるというアプローチがもっとも良いようです。その状況はこどもが自分で欲しいものを容易にはとることができず，何らかのかたちで要求する必要があるように工夫されなければなりません。ものが容易に手に入り，ただそれを要求するだけということであれば，こどもは伝えるということそのものを学習せずに，自分が欲しいものを手に入れるための単なる儀式を学習するということになってしまいます（すなわち，彼らは，人に従うということや，丁寧さについては学習するでしょう。でも，それは価値ある勉強とはいえ，コミュニケーションとは何なのかをはっきると学ばせるものでは決してないのです）。このことはたとえば保育園であるならば，次のような状況を意味します。すべての材料やおもちゃをこどもが自由に選択できるようにしておいてはならないこと，その代わりそれらが高い棚の上や手の届かないような戸棚においてあるけれども，こどもの背の高さにあわせて名札が付けてあり，こどもが要求をする際にはそれらの名札を用いることができるようにしてあるということ，です。

ものを尋ねるときには，単にあることば（あるいはある種のサインや記号，または身振りを用いると言うこと）だけでは十分ではないということを教える必要があります。というのも，彼らは自分の要求をつぶやいたり，ささやいたりするだけであったり，誰もいない部屋に向かって要求したりすることがあるからです。彼らには人の注意を（相手の立場に立って，社会的に容認されるやり方で）引きつけることを教えてやる必要があります。そして，自分が人の注意を引きつけるまでは，コミュニケーションを開始するのを待つということをも教えてあげる必要があります。

年長もしくは障害の軽い生徒は，単純な伝達機能については理解

しているかもしれません。しかし，情報をどのようにして共有し，また，周囲に対してどういったかたちで意見を述べるかを学習する必要があります。生徒にとって，なぜそうしなければならないのかという文脈がわからない状況でこれらのことを学習させるよりも，はじめは生徒が楽しむことができるような活動から始めるのがベストです。彼らは教師から特定の促しを受ける必要があるかもしれません。たとえば，コンピュータ課題を'一緒にやっている'他の生徒にコンピュータ画面上の大切な部分を指し示してやるようにといったものです。さらに，こどもが何か楽しいことをおこなっているときには，彼らがそれを楽しめているのだということを言ってあげることによって，楽しんでいるという事実に自らはっきりと気付かせることができます。さらには，こどもの両親は家にいたり，仕事に行っていたりするので，こどもたちが学校でやっていることを知らないということを知らせてあげることによって，こどもはそれに気付くことができるのです。したがって，彼らには，学校で何をしたのかについて下校前に思い出させてやることができますし，両親は何をしたかを知らないのだから帰ったら話してあげなければならないのだということに気付かせてやることができるでしょう。両親に電話をかけてあげる（あるいは学校にこどもを迎えに来た親に声をかけてあげる）ことによって，何らかの特定の活動について親の方からこどもに尋ねてもらうようにし向けることもできます。また後には「今日学校で何をしたの？」といったような，こどもがそれに答えることを指導されたような質問をしてもらうようにし向けることができます。多くの健常児の場合でも，そのような質問に答えることができない場合もあるし，また喜んで答えることがあるかもしれません。しかし，それをどのようにするかを特別に教えてあげる必要があるのが ASD 児なのです。

事例：メアリーは4歳半の高機能の自閉症で,統合教育の小学校1年生（reception class）*14に入学しました。彼女はいつも非常に自立していて,自分のニーズは自分で満たしていました。彼女の両親はそのように彼女をし向けようとがんばっていました。さらに母親はメアリーが欲しがるものの種類やそれを欲しがる回数などを知りつくしていました。そして,欲求不満による怒りが爆発することを避けるために,母親はメアリーがこれらを必要な回数だけ簡単に手に入れることができるように準備していました。メアリーは,こどもが自分で選んだ活動をおこなうことができるような統合保育園にかつて所属しており,そこでは,好きな同じ遊びを選択することだけで時間を費やしていました。彼女はおやつの時間に「何が欲しい？」という一連の質問に反応するかたちで「ビスケットください」と言うことを学習していました。しかし,コミュニケーション自体をまったく行う必要がない一連の決まり切ったパターンを学習していたことは明らかでした。

1年生になってからは,教室ではもっと多くの活動がより形式的におこなわれていました。自由遊び時間のおもちゃや材料は教職員だけが自由に取り出すことができる戸棚の中に入っていました。こどものために設けられた活動のなかでさえ,材料は個々のこどものためよりも,グループのために用いられていました。メアリーは他のこどもから材料をもぎ取ったり,物を取ってとか,渡してといったような他のこどもの要求を完璧に無視するために,嫌われてしまっていました。このことは他のこどもにとっては単に独占しないで共有するということの難しさでしたが（これはメアリーも明らかに学習しなければならなかったことでした）,メアリーにとっては,自分からコミュニケーションしたり,他者のコミュニケーションの

---

*14 reception class：イギリスの義務教育は5歳時から始まるが,その最初のクラスを言う。

ニーズを理解できないという問題であったのです。このことの一つの例として、教師があるこどもを指導していたときに、メアリーは、その子に黄色の絵の具を渡してあげるように言われて、それを無視したということがあげられます。「メアリー、黄色の絵の具をブリジェットに渡してあげてくれる？」と教師が言いました。するとメアリーは「はい」と答えたのですが絵の具を渡すことはなかったのです（彼女は名前が呼ばれれば、また、命令がクラス全体やグループ全体に対して語られたものでなければ、直接的に自分になされた質問や命令には答えることができていました）。

　メアリーの行動を、粗暴さや身勝手さのせいにせず、問題をきちんと認識した教師はメアリーが何かを要求することを手助けするようなプログラムを作りました。自由遊びの時間では、たとえば、以前はどうして良いかわからずに途方に暮れてしまうと、しばしば他のこどもがやっていることをぶちこわしにしたり、彼らのものを取り上げたりしてしまうことによって邪魔していたのですが、このプログラムではメアリーは自由遊び時間に選択できる活動や材料の'メニュー'の絵を渡されました。彼女は、教職員を見つけて、もし、彼らが他の人と話しているようであれば待ち、彼らの注意を自分に引きつけて、自分の'メニュー'にある項目の一つを要求するように教えられました。彼女はまた大人とのロールプレイから始めて、やがて徐々に、こどもと関わる状況に促がされながら移っていくようにされました。そこで、他者の要求を認識し、直接的命令にも、より丁寧な非直接的な命令に対しても応答するように教えられました。それぞれの段階を明確かつ詳しく教えてあげる必要がありましたが、メアリーは求められていることをいったん理解できると、行動を変化させ、他のこどもとの関係は著しく改善しました。

ことばの字義的理解

問題：ASD の生徒は，言語を字義的に解釈するので，その裏にある暗々裏の意味が理解できません。また，あることについての語り方を変えたり，その際に身振りや表情が伴ったり，また，話し手が何を言おうとしているかによってその意味が変化しうるということが理解できません。彼らは非直接的な命令が質問のかたちで行われると，何が意味されているのかをとらえるために文脈や常識を用いることができません。そして彼らは，いやみや隠喩，皮肉や慣用句などのような言語の非字義的側面の理解に問題を示します。ASD 児は，たとえば誰かが「目が飛び出るほどに泣いている」と言ったり，病院の看護婦から「あなたの腕をちょうだい」と言われると（病院でおこなわれることに関する部分的な知識しかもたないこどもの場合），おびえてしまうことが知られています。足をふくように命令されると，彼らは靴と靴下まで脱いでしまうことがありますが，これは見ているものにとってはおもしろいほどで，非常に言語的に優れている自閉症児にとってすら言語というのがいかに混乱を引き起こすのかということがはっきりと見て取れます。さらにこのことは他者にからかわれたり，いじめられたりといった機会が多くあることをも示しているのです。

英語自体はとても比喩的な言語なのですが，私たちは字義的なメッセージの背後にある意図を解釈するための正常な能力をもっているのでそのことには気付きません。しかし，ASD 児の反応を見ると，英語が比喩的であるということに気付かされてしまいます。年少で能力的に高くない ASD 児は類語や同音異義語を受け入れることが難しいことさえあります。多くのこどもが自分たちの混乱や不安の原因を明らかにすることができないので，しばしばそれを探し

てあげるという作業が必要になります。たとえば,ある自閉症の少女が甲高く叫びながら自分の手を咬んでいましたが,何でそのような行動をおこなっているのかはわかりませんでした。そこで学級活動のビデオテープを見てみると,そのような場合の引き金となっていることは誰かがはっきりと「ノー」と言うことであることが突然明らかになりました。そのことばを,彼女は欲求不満と禁止に関係づけていたのでした。実際の状況では,'ノー'と思われたもののいくつかは,実際は'知っている know'であったにもかかわらず,同じように反対の意味を結びつけてしまうため,教師にとってそれらを識別するのは非常に困難だったのです。また,もちろん,他のこどもに対して言われた「ノー」を自分に言われた「ノー」から区別することも彼女には難しかったのです。

アプローチ:統合教育の環境においては非字義的な言語の使用をさけることは困難です。それゆえ大切なのは,混乱や不安を引き起こすような多くの原因を認識し,こどもたちが言語の非字義的な形式を理解することを援助するようなプログラムを作り上げることです。ASD の生徒はどうしたら同じ意味を異なる方法で伝えることができるかということや,同じ言葉でも文脈や表現,声の調子が異なると違う意味が伝達されるということを理解するために,ビデオを用いたり,ロールプレイや実際の場面での特別なガイダンスを受けながら練習する必要があります。すべての慣用句や類語を教えることは不可能なので,意味というものは,用いられていることばどおりであることもあるけれど,そのままの意味ではないことがあることを示してやることが目標となるべきでしょう。そこで,困惑してしまうことなく,また,望ましくない行動的反応を起こすことなく,自分の混乱を「わかりません」といったような単純な言い回しで表現するということを生徒に教えるためのもう一つのプログラム

が必要となるのです。

　統合教育の教師にとっては耐えられないほどの努力を必要とするかもしれません。しかし，学級という場では，一人のこどもに対してだけではなく，すべてのこどものメリットとなるようなかたちで，多くの側面を教えていくことができるでしょう。たとえば，とりわけ英語が第二言語であるような他の生徒は，ことばの意味に関する直接指導によってメリットを得ることができるでしょう。また，すべてのこどもたちが自分の言語理解を豊かにし，それによって言語学的表現を豊かなものとすることができるでしょう。

　事例：ジョージは，語彙や文法などの構造学的な言語スキルの高い10歳の自閉症児で，優れた読みの能力をもっていましたが，言語の非字義的な理解はきわめて困難でした。聞いたことから正しい意味を抽出することに失敗することがたくさんありました。たとえば，事務室に名簿を持っていくように言われると再びそれを持って帰ってくるということがありました。なぜならば，そこにそれを置いてくるようにとか，誰かに渡してくるようにはっきりと言われていなかったからです。彼は常にトラブルに巻きこまれていました。なぜならば彼は反抗的だとか傲慢だと見なされていたからです。たとえば，ある図工の作品を乾かすために誰かが床においていたところ，その上を不器用にも踏んでしまいました。そのときに「足もとを見ろ！」と言われたのですが，興味深く注意しながら足元を見て，一枚の作品の上を慎重に踏んでいったために，教職員の１人を激怒させてしまったのでした。もう一つの典型的な例は，あるクラスにお手伝いにきている親が，こっちにきて，私の前で本を読みなさいと直接的に言うかわりに，「ここにきて本を読んでみてはいかが？」と言うと，非常に丁寧に，「いいえ，結構です」と言ったのです。

　この障害のもっとも困った影響は，類語と同音異義語でみられま

した。彼はそのような用語が用いられると激怒して「ことばが違う!」とあらん限りの声で叫び，時折，ものを投げ，机に自分の頭をぶつけたのでした。このような反応は教職員にその原因を考えさせはしたのですが，そのような用語を用いることをやめるのはあまりに難しいことでした。その代わり，彼は，学校にいるときや宿題のなかで多くの練習を行いました。そこでは，そういった用語を見つけるように指導されました。同意語・反意語辞典を見て類語を調べ，慣用句の字義的意味をユーモラスなかたちで説明している漫画本を使って，勉強し，話し合うように指導されたのです（彼はしばしばユーモアを理解するように指導されなければなりませんでした）。これに加えて，本の表紙は小さな男の子が嘔吐してしまったものでできたプールの中に手を突っ込んでいる絵にされました。表題は'トムは気分が悪かった'でした。だんだん同音異義語カードは使うことができる良い材料となっていきました。

このプログラムを何ヶ月か続けたあと，ジョージの行動は劇的に改善しました。英語の授業のなかでみちがえるほど緊張しなくなりました。でも，いまだに彼が理解できないことがたくさんあって，一つの慣用語から他の慣用語への応用は難しいようです。しかし，副産物として，プログラムとしては必ずしも教えたことはないにもかかわらず，冗談を理解するようになりました。おまけに，自分自身ですらそれを言うようになったのです。これらの努力は，周りにいる大人にとってはむしろ痛々しいものではありましたが，その痛みは明らかに褒めたたえるべき聴衆であった他のこどもたちよりも決して大きくはなかったでしょう。こうしたことが，さらに彼を勇気づけ，冗談を言いさえするようになっていったのです。そして仲間内で彼のステータスが築き上げられ，そのことを通して，休み時間に仲間集団を作ることができるようになったのです。

反復的な質問

問題：ASD の多くのこどもたちは言語学者たちが，'質問の真の目的' と呼ぶものを理解したり使用したりすることができません。すなわち，いまだわからない情報を見つけだすということです。もちろん，彼らは，他の目的でも質問をしますが，それらの多くは教師がする質問をモデルとしてまねたものとなっています。ASD の生徒は強迫的に見えるほど同じ質問を繰り返します。そして，同じ答えが返されてもそれをやめなかったり，自分はすでにその答えを知っていると語るのです。やけっぱちになった教師たちは，ふつう，尋ねてくるだろうと思われる一つの質問が繰り返される回数を限ったり，その時間を制限したりといったかたちで質問を抑える方法を採ります。しかし，これらのどのような方法も有効ではなく，生徒は徐々に不安になって，他の課題に集中できなくなり，しばしば，禁止のせいで極度の衰弱の状態に陥ってしまうのです。

アプローチ：自閉症で問題となるすべての行動でたいていそうなのですが，指導の最初の段階は，生徒の立場からそれを理解しようと試みるということです。こどもがそういったことを，ただ人をうるさがらせようと思ってやっているはずはないのです。ただ，ほとんど予測することができない世界に生きていて，もし，人がうるさがるということが自分の予期できる反応となるのであれば，そのようないつも決まってみられる不快な表現は報酬となりうるでしょう。こどもにとって，心の状態を理解することが難しいということを考えると，質問の目的は情報を見出すこと（すなわち，真の質問）ではないように思われます。したがって，単に「あなたはもうその答えを知っているじゃないの」とこどもに言うだけではだめなのです。

理解するためには，質問してくるということの，その他の目的をみなければならないのです。

　教育場面の会話の中で教師は，自分がこどもに答えて欲しい'正しい'（すなわち，'意図した'）答えが得られるまで同じ質問を用い続けるでしょう。自閉症の生徒は，実際には正しいのだけれども教師がこどもに答えて欲しかったのではない答えに対して「はい，そうです」と言った場合と，意図された答えはすでに出されているので，繰り返し質問することはやめようということをクラスの他のこどもたちに伝える「はい，そうです」の異なるイントネーションパターンを聞くこともあるでしょう。しかし，こどもは異なるイントネーションパターンを耳で聞くことができるとはいえ，それらに意味付けることができないのです。そのような生徒に対して，教師は何度か同じ質問を勝手気ままに尋ねたり，また，勝手気ままにやめたりするのです。同じように，教師は，答えを言わせようという意図ではなく，生徒が答えを知っているかどうかを見るために質問することもあります（そのことは，ASDの生徒には気付かれないのですが）。すなわち，こどもの知識を確かめるための質問です。もう一度言います。質問をさせないための理由として「あなたはその答えを知っているじゃないの」と生徒に言うことは非常に困惑するような体験となるのです。

　不安になるたびに人は誰でも質問を繰り返します。それは不安を和らげるために同じ答えをしてもらおうと望んでいるのです。はっきりした例としては「私を愛している？」というような質問は「うん，当然だよ」という同じ答えを求めているのです。より不安になればなるほど私たちは，このような質問をもっと繰り返すようになってくるのです。同じ答えを確かめたくなるのです。また最近私たちは次のような話を聞いたことがあります。それは，愛される者は，愛する私たちを愛し，そののぼせ上がるような喜びのなかで，ただ

同じ答えを聞く楽しみだけのために繰り返し繰り返し同じ質問をするのだ，ということです。

　ASDの生徒が繰り返し質問をする理由は，それゆえ，彼らが日常的に見る教師の質問をモデルにしてまねしているのかもしれません。また不安を表現し，安心したいと思っているのかもしれません。あるいは，特定の質問に対する'決まり切った'答えを聞くことを楽しんでいるのかもしれません（もしそれが'決まり切った'ものであり，それゆえ，予測できるものであったとした場合に限りますが）。したがって，まず大切なことは，それ以上無関連なコメントをすることによって混乱させるのではなく，その場合には，どのような目的が果たされようとしているのかを見出そうと試みることです。いったん，それを見極めることができれば，生徒に同じ目的を達成するための異なる方法を教えるのです。もしそれが，単にまねしているのであれば，直接指導をおこなうことによって教師の質問の目的を理解できるようにしてあげなければなりません。もし生徒が不安なのであれば不安の源を特定し，不安を処理し，安心させるための違った方法を提供しなければなりません。もし，単に答えを聞きたがっているだけであれば，生徒には自分が好きな'会話'の話題を持ちこみ，それを維持するための違った方法を身に付けさせてあげなければなりません。それでも，こどもがもっと会話スキルを発達させるまでは，このことにいくらかの制限を加える必要があります。最後に，生徒には質問の真の目的ということについて直接指導を行う必要もあります。

　事例：スチュアートは17歳のアスペルガー症候群のこどもで高等教育をおこなう単科大学のコンピューター研究職業コースに在籍していました。彼は自分のコースの勉強については問題をもっておりませんでしたし，昼食の時や将来，一人で旅行したりするための準

備として彼をエスコートし，公共交通機関の使い方を彼に指導する人を雇うための資金も得ていました。スチュアートは昼食時間をいっしょにすごすためにお金を支払ってきてもらっている'友人'と昼食を楽しんでいました。この人はスチュアートが友達と思っている奨学生だったのです。しかしながら，彼は，あらゆる公共交通機関が時間的に正確ではないことが不安でならず，彼をエスコートしてくれる女性に非常に依存していました。彼の不安は，大学に向かってその女性の乗ってくるバスがある日故障し，彼に会うのが1時間遅れたときにさらに増大したのです。そのとき以来，スチュアートは大学に着くやいなや，自分をバスに乗せてくれるルーシーはもう来たのかどうかを誰彼なしに尋ねるようになりました。彼は，そのことを尋ねるために授業を妨げ，とうとう昼食時間の友人を繰り返しの質問によって怒らせてしまったのです。これはとても具合が悪かったようで，その若い男性は，友人として働くという'仕事'を辞めることすら考えてしまいました。このことはスチュアートの安心感をさらに脅かしました。結局，専門のカウンセラーがスチュアートの移動に対する不安に関して支援し，表現をするための異なる方法を身に付けさせるためのプログラムを実施するように求められたのです。

　プログラムはいくつかの部分に分けられました。不安に対する取り組みは，まず最初にスチュアートに（自分のコンピュータを使って），何をするのか，誰とそれをするのかを含め，時間がはっきりと記された一日のタイムテーブルを作らせることから始められました。ルーシーが来たかどうかを尋ね始めたら，直接には答えてもらえず，ルーシーが到着する時間がはっきりと記されたタイムテーブルに目を向けるようにし向けられました。さらにルーシーが自分をバスに乗せにくることができないといった怖い状況を処理する方法を用いて，その恐怖に立ち向かうことを指導されました。どれくら

いの時間待つのか，そのとき何をするのかについて考えるといったものです。そして，なにをすべきかについてはっきりと記された流れ図も作られました。スチュアートは数学が好きでしたので，過去のバスに関する統計に基づいてバスがどれほど故障するのか計算をしてみるように勧められました。これらのことによって彼の不安は軽減し，単独旅行プログラムに集中できるようになりました。さらに彼の不安が軽減すると同時に，自分の能力に関する自信は増大したのでした。

3 人との関わりを育てる

社会的スキル指導上の難しさ

　人との社会的なかかわりの難しさが自閉性スペクトラム障害の中核症状です。しかし，ASD児が示す社会的行動には非常に多くのものがあります。他の発達障害にもよくあることですが，そこで見られる行動は，単に生得的な特徴を反映しているだけではなく，個人個人が一次的な困難をどのように補ってきたかをも反映しています。そして逆に，一次的な困難がどのようにして発達上のさらなる困難を引き起こしてきたのかをも反映するのです。自閉性スペクトラム障害においては，社会的なシグナルを理解したり，自らそれを発するということに一次的な困難を抱えます。そのため，社会的な発達のために体験することが必要な，きわめて社会的な状況から排斥されてしまうという結果になるのです。したがって，こういった発達上の困難に対してうまく治療的に介入しない限りは，これらの

困難はハンディキャップとなってしまうのです。

　しかし，社会的な関わりの難しさが基本的な特徴だからといって，まだ獲得されていない社会的スキルを特定し，それを指導すればよいという単純な問題ではありません。単に ASD 児を社会的状況にさらしても，こどもは社会的シグナルをピックアップし，それに応答することができるようになるわけでもありません。もしそれほど簡単ならば，こどもは初めからそのような問題を抱えるはずはないのです。高機能自閉症者たちが記したように（Sinclair 1992, Williams 1996, Gerland, 1997），自分が何をしているのかということについての理解がないままに，正常な社会的な行動をまねさせられることでは十分ではないのです。このことは，ASD 者にとってきわめてストレスフルで難しいだけでなく，これらの行動を他の状況に応用することができるものでもありません（あるいは少なくとも彼らがそうしようとがんばっても，適切な結果をもたらしたり，それが時間的に正確におこなわれたりできるかといえば，それは保証できないでしょう）。さらには，状況の変化にうまく適応できるようにするものでもないのです。刻々と変化していく社会的状況に，柔軟かつ，みごとに自分を調律していくことこそが社会的行動の主要な特徴なのです。通常ならば基盤となるような応答性や理解ができていないのに，社会的スキルを指導しようと試みることは，かえってこどもたちに，人の目から見て奇妙な感じをもたせることになってしまいます。というのは，場合によっては，もはや適切ではないような学習済みのお決まりパターンにこだわってしまうからです。

　理解を伴わず，また，状況変化に対する適応ということを考えることなしに，社会的スキルを指導することは危険でさえあります。それは，ASD 児の弱点を増長させてしまうという結果になりがちだからです。たとえば，もし，こどもが人から話しかけられたときにその人たちを見るように，なぜ見るのかを理解していない状態で，

あるいはどれぐらいの時間，視線をどれほど修正してみるのかを理解しない状態で教えられたとすると，彼らは厚かましく，無神経に人の目を見るようになってしまうかもしれません。不愉快かつ不自然に見えるというだけではなく，挑発的で性的な言いよりだとか，攻撃性ととらえられたりする事もありえます。それは，このたった二つの状況が常識的には，人の目に見入る状況であるからです。このいずれの解釈のされ方をしても，こどもは非難されやすい状況に置かれてしまうのです。

　同じように，たとえば，社会的状況に入っていく良い方法を教えるために，まず，ほんの短い間だけ話してみるといった，あいさつや社会的やりとりの始め方を教えることはいいのですが，さていったいその後はどのように話すべきかというスキルをこどもがまだ知らなかったとすれば，生徒から話しかけられた相手は，生徒のはじめの行動が社会性のないものと考えてしまうでしょう。そのような状況では，相手はこどものことを知らないわけですから当然，何のサポートもおこなわれるはずはありません。おまけに，社会的な意味での失敗が起こってしまうと，悠々と失礼な悪さをするヤツと解釈されてしまうかもしれないのです。生徒に指導する際には常に，こどもが，社会的状況にうまく対処するために必要なスキルや体験をもっていないのに，むりやり人間関係の中に放りこんでしまうことがないようにしなければならないのです。

　したがって，ここでのアプローチは，生徒にとって適切かつ報酬となるような社会的経験をさせ，社会的行動の基礎となるルールを明確化してあげるということになるはずです。ここで，生徒のもつ障害に対して直接指導するというアプローチの効果のなさと危険性という点から離れてみると，動機付けの問題も考えられます。生徒の社会的やりとりの問題を見定め，それらを育てるプログラムを考えるということは ASD の生徒によって拒否されがちです。という

のはこどもがこれらのことを'問題'や'障害'ととらえていないかもしれず，それらを'克服しよう'と動機づけられていないかもしれないからです。こどもが友達が欲しいとか仕事をしたいとかいうような社会的目標をもつようになるまで待って，それから，その目標を達成するためのスキル分析をしてみることをお勧めします。そして，その後にやはり身に付けさせる必要のある社会的スキルについての知識をもちこむほうがよいでしょう。あるいは，高機能の生徒に対しては自分の問題を自分で見定めることを助け，自分の困難を処理するための自分のプログラムを工夫させるという援助も可能です（Barber, 1996）。

社会的状況で学習できるようにする

　問題：この問題には二つの側面があります。一つには，教師とか，デモンストレーション，ディスカッションといった社会的な媒介を用いることを通して学習することができるような問題があります。そしてもう一方では集団状況で学習することができるような問題もあります。もっとも初歩的なレベルでは，生徒は他の人を自分のそばに座らせるかたちで，他者のそばに座っていることに耐えられるようにならなければなりません。そして自分が集団の一員であることに気付き，集団に対する指示やルールが自分にもあてはまるものであることを理解しなければなりません。もっとも高次のレベルでは，生徒は集団でのやりとりを通して一緒に問題を解決するということを学習できなければなりません。また，集団ディスカッションすること自体から学ぶということ，あるいは，そのなかで人と考えを共有するということをも学習できるようにならなければなりません。後者の目標はたいていの ASD の生徒にとってはあまりにも期待しすぎかもしれません。しかし，初歩的なスキルの方は，統合教

育の学校に在籍するほとんどすべての自閉性スペクトラム障害の生徒に獲得できるものであるはずです。

アプローチ：教室で他の生徒がいるところで，少しずつ我慢できるようにするためには，生徒にとって心地よく，集中できるようなことから始める必要があります。たとえ最初のうちは教室の中に分離された空間が作られるとしてもそうです。この空間は教室の隅に設けられ，机の一方側にはスクリーンを置き，生徒の机を他者に対するバリアにして，生徒の顔を壁のほうに向けるか，背中を壁の方に向けるかというかたちで座らせます。イギリスの学校には机を一列に並べるというかたちはほとんど見かけられません。しかし，社会的発達のこの段階では，こどもたちにとってもっとも理想的な状況が提供されます。多くのこどもが広い空間にごちゃ混ぜでいる状況（オープンプラン）で，広いテーブルをみんなで共有して用いるという集団指導の形態は，ASDのこどもにとってはもっともふさわしくありません。そのような状況は徐々に導入されねばなりませんし，生徒個人の空間が明確に尊重されていない限りは，こどもはうまく学習できないのです。

　ASDの生徒には，自分がクラスという集団の一員であり，同時に「男の子」，「青色グループ」，「きのう数学をしたグループ」などといった下位グループの一員であるということを理解させるための直接指導も必要です。そして，生徒が他のこどもがしていることを同じようにできるようになり，サブグループの存在を理解できるようになれば，「みんなとサラはコートを着て」とか「女の子とサラはここに並んで」といったような，グループの名前といっしょに生徒の名前を呼ぶ初歩的な方法は減らしていくことができます。はじめから社会的な形態でむりやり学習させることによって，ASDの生徒の教科学習が妨げられてはなりません。社会的学習プログラム

を同時に取り入れている限りにおいて，もし生徒が，教材の提示の仕方を構造化してあげたり，コンピューター支援学習を通して自分自身で勉強できるようであれば，これは認められるべきなのです。

　社会的集団の中で学習することを学ぶためには，まずは，すでに慣れ親しんだ課題を用いてみる必要があります。そうすることによって，ASDの生徒は他のこどもたちと一緒に課題に取り組むことを学べるのです。新しいスキルを教えるときには，はじめは大人とのマンツーマンの指導が必要かもしれません。しかし，後には集団で学習する機会を与える必要があります。ASDの生徒のためのサポートアシスタントがいるような場合でさえ，直接指導という形式をとるだけではなく，他の生徒とやりとりしながら，相手から学ぶということを可能にしてあげることも必要なのです。ASDの生徒と他の生徒とのやりとりをわくづけてあげるためには，仲間による指導[*15]も役立ちます。このことによって他の生徒がASDの生徒を理解することを促せるのです。研究の結果から，そのようなチューターの役割をするこどもは，教えてもらっているこどもと同じく何かを得ていることが示されています。つまり，このような方法を採用することには何の倫理的問題もないのです。

事例：アレックスは5歳の自閉症の男の子で，33名の仲間と勉強していた1年生です。アレックスは，1日に40分だけ特殊教育の先生からサポートを受けていました（しかし，その先生は，ASDについての訓練や経験を特にもっているわけではありませんでした）。アレックスの'教室'は多くのこどもたちがひとつの空間にいるオープンプランセッティングとなっていました。したがって，教室に

---

*15　仲間による指導（peer tutoring）：こどものクラスメートが学習の手助けをしたり，教師の指示を伝えてあげたりなどのクラスメートを活用した指導システム。

社会的状況で学習できるようにする　*47*

は他のクラスの1年生33名と幼稚園部20名が同居している状態になっていました。教室にはグループワークのためにもうけられたテーブルがあり，8人のこどもが座って'静かに'勉強をしていました。授業時間中，こどもたちが，そこらじゅうを行ったり来たりして，他の'勉強している'こどもたちや，遊んでいるこどもたち，あるいは教えてもらっているこどもたちの声が騒音のように満ち満ちていました。

　このような，騒音と活動がごちゃ混ぜにみられる状況に直面して，アレックスは両手で耳をふさぎながらテーブルの下に隠れてしまいました。そして，そこから連れ出そうとすると激しく抵抗したのです。しばらくしてから，彼はなだめすかされて出てきました。そして，先生を隣にいさせながら，短い間だけテーブルを壁にくっつけたかたちで座ることができるようになりました。この場所ですら彼はずっと不安な状態にあり，注意を集中することはできませんでした。彼はいつもこどもたちが前を通り過ぎるとたじろいでしまい，クラスの活動によって，定規や鉛筆，紙の場所が動かされるとそれを繰り返し並べ直していました。担任の先生は意を決して，校長にしかられながらも，生徒たちに，アレックスのために，大きな積木を使って小さな'家'を作らせました。小さなテーブルと椅子が中に置かれて初めて彼は集中して学習することができました。彼は一日中この家の中で過ごしたわけではありませんが，他のこどもたちはアレックスが集団から完全に隔離されないようにするために，その'家'の中に入る時間を許されました。

　いったん，アレックスが彼の家の中で安心できると，それは少しずつ少しずつ他のこどもたちが勉強しているところに近づけられました。そしてそれは彼がまるでこどもたちのテーブルの端に座っているかのような状態になるまで続けられました。しかし，彼は自分の家の三つの壁によって囲まれていました。次の段階では徐々にこ

の家が崩されていきました。一度に一個の積木をおろすようにして、アレックスが心地よく、不安なく勉強ができるように保たれました。アレックスが強い不安を示さず、たじろぐことなく他のこどもとテーブルを囲んで、座ることができるようになるまでに、6ヶ月がかかりました。

友人関係グループをつくる

問題：ASDの生徒の場合、友達を作り、他のこどもと交わることをどれほど望むかはこどもによってさまざまです。彼らはまた時間とともに変わっていきます。あるこどもたちは思春期ごろに人に関心を示したり、友達をもつことに興味をもつようになります。しかしながら、もし、生徒が友達をもったり他者と交わるという考えをもとうとしないようでしたら、これは些細なこととして単純には受け入れられることではありません。もし、ASDの生徒が長い間他のこどもと交わりたがらず、また、友達を作りたいと思っていないような場合には、先生は、それが、恐怖や経験不足のためではないということをはっきりと自覚する必要があります。私たちは、生徒が、友人関係を形成し、それを保つのに必要なスキルのすべてをもっていること、そして、友達とは何かを意味づけてくれるような経験を直接もっていることを確かめるまでは、生徒が自分自身で、友達をもとうとしないという意識的な選択をおこなっていると決めつけてはならないのです。

アプローチ：友人関係を育てるということは、そのことだけが目的というわけではありません。そうすることによって他のこどもたちからのからかいやいじめを防ぐためのサポートネットワークを作り上げるという理由からも大切です。そうすれば、休み時間、おと

ながずっと見ておかなければならないという必要性もなくなるでしょう。しかし'友達'の方は自分たちの役割をしつづけるためには（おそらく，教師が支援しながら作られるサポートグループ'友達の輪'を通しておこなわれるでしょう），おとなのサポートがずっと必要となります。友達は，おとなよりも，どのようにして遊ぶのかということについての良いお手本になってくれるでしょう（Roeyers, 1995）。そして，友達こそが，おとなが作ったルールに依存する段階から自分自身で選択し，自分自身の行動についての決まりを作り上げるというおとなの役割に移行していく青年期に手助けをしてくれるのです。ASDの生徒のほとんどに自立を期待するのは非現実的なことかもしれません。しかし，洋服を選んだり，余暇を決めたりする際のお手本として仲間を用いるということは，個別・集団の指導に関わらず，こどもが学校にいる間に育てることができるはずです。

　ASDの生徒（とりわけアスペルガー症候群のこどもたち）はもっとも力が強いと考えられるような人とのやりとりにしか興味を示さないことがあります。彼らはサポートアシスタントに目を向けて他の生徒を拒否したり，担任だけを気に入ってサポートアシスタントを拒否したり，校長だけを気に入ってその担任を拒否したりなど，どれだけ自分に役立つかに従ってしまいます。これに対処するための一つの方法は，少なくともASD児にとって重要な状況下で，何らかの力関係を誰かに譲り渡してしまうということです。つまり，誰か他の生徒たちがコンピューターを用いる時間割を作る役割を仰せつかったり，雨の日の室内遊びの時間にビデオを見るということを決めたりするわけです。一人の生徒に任せてしまうよりも，ある行事について決定する際には，みんなでコンセンサスを得て決めるように指示したほうが望ましいでしょう。一方，生徒には，そのような決定に参加できるようにするために必要なスキルを，まずは指

導しておかなければなりません。たとえば，話し合ったり，自己主張したりといったスキルです。

　他の生徒と一緒に行事を楽しむことができるようになればなるほど，ASD の生徒はリラックスしてそれらのこどもたちと知り合うことができますし，仲良くなれるのです。もし，生徒が水泳のような活動を楽しんでいるとすれば，教師は一人でその活動をやらせるというよりも，これを集団にする方法を探すべきです。コンピューターで作業するということはもう一つのよい例ですが，他のこどもたちと関わらなくなるというような強迫的関心をコンピューターにもたせないようにしなければならないのです。

　事例：ファイザルは完全な統合教育をめざす市内の小学校最高学年に在籍する11歳の自閉症児です。彼は一週間に10時間の支援をアシスタントから得ていましたし，自閉症のための訪問教師から毎週訪問を受けていました。サポートアシスタントはファイザルが担任の指示に注意を向けるよう促して欲しいこと，自分自身，直接なにかを指導するというよりも，休みの時間や食事の時間のような構造化されていない時間帯に彼を支援してほしいことを伝えられていました。これはうまくいきました。というのはファイザルと他の生徒との間にサポートアシスタントの垣根をいつもおかずに教科カリキュラムに彼を向かせることができたからです。そしてファイザルはたいていの教科においてすばらしい進歩をみせてくれました。しかしながら彼は，休み時間に他の生徒とやりとりすることを学習できていませんでした。それはアシスタントの援助のもとで試みられましたが，生徒たちが年長になり彼らの関心が変化して行くにつれ，あまりうまくいかなくなってきました。評価ミーティング[*16]にお

[*16]　評価ミーティング（review meeting）：特別な教育的ニーズの判定書をも〵

友人関係グループをつくる　51

いて中学校にあがることについての心配が語られました。そして，ファイザルが友達をもつということにせっかく関心をもち始めても，他の生徒から孤立してしまうだろうという不安が語られました。

　何が変化してきたのかということを分析するなかで，しっかりと性別に基づいておこなわれる運動場での活動が，今や明らかにファイザルにとって弱い部分となっていることがはっきりとしてきました。男の子たちはたいていサッカーについてだけ話したり，遊んだりしていて，女の子の方は洋服や男の子，友達との喧嘩について話し，笑っているだけでした。こどもたちがもっと小さいときには，（サポートアシスタントに促されて）ファイザルを自分たちの好きな集団遊びの仲間に入れてくれていました。また，こどもたちは新しい遊びを教わりたいと思っていても，その遊びにファイザルが入れるように，遊び自体を作り替えてくれていました。しかし，ファイザルにはいつもサポートアシスタントがくっついているため，特定の親友をもつことができず，さらには今やどの生徒も，自分自身の社会的な輪をなくすまいと彼に十分に関わろうとはしなくなってしまいました。またファイザルも男の子，女の子それぞれの活動のいずれにも関わることができなくなっていました。女の子たちは自分のグループに男の子を入れたくなく，ファイザル自身も友達がしているどんなひやかしやうわさ話にも関わることができませんでした。男の子たちは自分がどっちの見方なのかを考えることができず，方向を定めてキックができず，タックルを受けたときにボールをパスしたりキープしたりすることがまったくできず，'立ちつくしてしまう' ような人には我慢ができないようになってしまいました。ファイザルを年少のこどもたちと遊ばせるような解決策が図られましたが，ファイザルは年齢にしてはとても大きく不器用で，小さい

　√つこどもについては1年に何回かの会議がもたれ，両親やさまざまな専門家が出席して，こどもの進歩について評価し，個別教育計画について再考する。

こどもたちを脅かしてしまっていました。どうしてもすぐに移行を果たすという問題は解決できませんでした。

そこでファイザルに上手なサッカー選手になるにはどうしたらよいかを教えることにし、友達の輪に所属する男の子の仲間の助けを得て、そのための方法を考えることになりました。これらのミーティングを数回開いたあるときの提案の結果として、ファイザルはゴールを守ることになりました（グラウンドで彼は明確な課題をもつことができ、前と同じようにはタックルされないからです）。しかしこれは失敗でした。なぜならば'課題をしつづける'ことが彼には難しく、ボールが来たときにすぐにそれに反応できなかったからです。彼にサッカーを教えるという努力はあまりうまくいきませんでした。しかし教師は、他の男の子たちの共感や同情を得ることには成功しました。そして、結局は、解決に近づくことができたのです。ファイザルを上手なサッカー選手にしようという試みのなかで、彼はすべてのゲームのルールを教えられ、何がファウルかなどを教えてもらいました。男の子たちは彼がゲームの審判になることを提案しました。そしてこれが受け入れられました。なぜならば、彼はえこひいきがないとみなされ、どちらの側のグループとの友人関係にも縛られなかったからです。彼らも同じように彼とは議論しませんでした。おそらく彼らが今やファイザルの弱点を認識し、またおそらく彼が実際ひいきをしなかったからです。彼も自分の地位を得て、'仲間といっしょに'学校が変わることを考えてもリラックスしていられるようになりました。

からかいやいじめ

問題：他者を理解し、奇妙には思われないようなかたちでどのように人に応答すればよいかがわからないという ASD の生徒が体験

する困難の意味するところは，そのようなこどもたちがからかいやいじめに対して非常に傷つきやすいということです。あるこどもたちは，友達をもつには，仲間たちの承認を得るための何かをしなければならないと考えるかもしれません。したがって，他の生徒たちによって，いたずらや，危険なことさえ'やらされる'ことがありえます。そして，彼らはあまりに純真なため，自分がしたことの結果について何も考えることができず，自分自身を守るためにうそをついたりすることができないのです。彼らはふつう'捕まえられて'，潔く白状するでしょう。しかし，それだけではなく，人のことも同じようにばらしてしまいます。なぜならば，教師の質問には答えなければならないというようなルールと，自分の'友達'について話してはならないというようなルールのバランスを考えることができないからです。これがまた，さらなるいじめや，とまどい，恐怖をこどもにもたらしてしまうのです。

　アプローチ：遊びや休み時間のための'仲間'利用方略は，こどもを守るため，およびASDの生徒に人とうまく関わる方法を教えるための両方の意味で役立ちます。生徒が同意するなら，友達の輪を作ることも有効です。はじめに，ASDの生徒と，その生徒のために作られた友達の輪がいっしょになって，どうすればその子を勉強や余暇活動の仲間に入れられるかを話し合います。特定の生徒が特定の活動において彼らの横に座り，また，体育の時間に彼らのパートナーとなり，彼らと一緒に昼食に行くのです。友達の輪を観察しているクラスの他の生徒はどのようにして彼らがASDの生徒に関わっているかを観察し，促されることなく自然なかたちでそれをおこなうことができるようになってきます。他のこどもたちでもそうであるように，通常はまず最初に家庭で表現され，学校では隠されてしまっているこどもの恐怖や不安を知るために，親に入っても

らうことが重要です。そうすることで、両親は現れ始めている症状について、その状態が対処できないほどに悪化してしまう前に、学校に警告することができます。

いったんこどもが学校恐怖症を抱えてしまうと、その学校での状況をうかがい知ることは難しくなるでしょう。学校はいじめ防止対策をとること、そのすべての対策がすべての生徒の情緒的、社会的発達の目的をもって語られる必要があるということは重要です。しかし、ASDの生徒は、単なる犠牲者ではないということを覚えておく必要もあります。通常は、直接的なきっかけとなるような何かをこどもがやらかしていたり、失敗をしていたりします。他の生徒たちにASDの生徒がそういった問題を起こしても同情的で親切になってもらうように頼むよりも、そのようなきっかけについて考えることも大切なのです。

事例：アーロンは14歳のアスペルガー症候群で学校恐怖症になっているこどもでした。なぜかというと、彼が言うには、彼には友達がいなく、他の生徒たちがとりわけ休み時間に彼をいじめ、からかうからでした。彼は母親と生活しているたった一人のこどもでしたが、母親は朝、彼を学校に行かせるのが難しいと感じるようになり、ソーシャルワーカーをうまく利用することにしたのです。アーロンは前の年に診断を受けたばかりの高機能のこどもでした。特別な教育的ニーズコーディネーター（SENCO）[*17]はASDについてほとんど知識をもっていませんでしたが、学校恐怖症やいじめがしばしば起こるような状況でさまざまな特別のニーズを処理した多くの経験をもっていました。彼女はこの状況に対処するための方法を作り

---

*17　特別な教育的ニーズコーディネーター（Special Educational Needs Coordinator）：イギリスのすべての統合教育学校では、校内で特別な教育的ニーズをもつこどもに関しての責任をもつ教師を特別に配属しなければならない。

上げるために，担任と母親から詳細な情報を収集したのです。

　まずはじめに，彼女はアーロンの家庭を訪問し，他の生徒に対する彼の不満を聴き，学校に行くことに対する彼の恐怖に対して共感を示しました。しかし，それから彼女は，彼が一ヶ月間学校に来ること，彼女がその間，いじめから彼を守ってあげること，そして次に約束するときにも同意してもらえるような方法を彼と一緒に考えていくことを確かめ合って，詳しい約束書をつくり，二人でサインしました。学校では，アーロンは昼休みの間はコンピューターを使うことを認められましたが，短い休み時間には，彼が不平を言うような行動を観察するために彼に付き添いました。彼女は自分から他の教職員に話しかけたりすることで目立たないようにしました。しかし，はじめのうち生徒たちは，彼女が一緒にいると，アーロンを避けようとしました。でも，このことは実際，その時点では救いでした。なぜならば，そうしてくれればアーロンの恐怖は和らげられ，短い休み時間をうまく使うことができたからです。しかし，しばらくしてから生徒たちは特別な教育的ニーズコーディネーターがいることに対して慣れ，再び，いつもの行動をとるようになってきたのです。

　特別な教育的ニーズコーディネーターの観察から言えば，まったく，からかっているとはいえ，いじめとはいえない程度のものが続いていることは明らかでした。そこでは，アーロンは決して孤立してはおらず，また，いじめの主要なターゲットにはなっていませんでした。ターゲットは日に日に代わり，たいていの生徒は代わる代わるターゲットとなっていくように思われました。しかし，アーロンとの関わりには違いがありました。他の‘犠牲者’に対しては彼らが遠くに行ってしまえば気持ちよく思ってはいるようでしたが，彼らはすぐに懐柔策をとり，友人関係を再び作るように様変わりしました。彼らは‘ただの冗談だよ’と言ってみたり，親しげにパン

チしてみたり，頭を平手打ちするふりをしたりした後に，肩をくんだりなどしていたのです。しかし，アーロンがターゲットとなっているときには，アーロンははじめから違うかたちで反応し，突然，（ときには激しいほどの）仕返しをしてしまうため，警戒心のない相手をとらえてしまい，相手は懐柔策をとるというよりもけんかにまでエスカレートさせてしまっていました。また，たとえ相手が他の生徒たちに対して用いるような懐柔策を同じように採ろうとしたとしても，アーロンはそれが理解できず，彼らが自分をいじめ続けようとしているようにみなしてしまったのでした。そして，それに反応し，状況を手に負えなくしてしまうのでした。

こうして，二つのプログラムが企てられました。一方で，担任が特別な教育的ニーズコーディネーターのサポートのもと，クラス全体でいじめ防止の勉強会をおこないました。そこでは，こどもそれぞれの弱点が明るみに出て，特に，アーロンを含む何名かのこどもたちがもつ難しさについて話し合われました。クラスのいくつかのグループが集まって，難しい状況をうまく取り扱い，アーロンのために自分たちの意図をはっきりと伝えるためのいろいろな方法をロールプレイしました。彼らはアーロンのニーズに応えるために，自分たちの行動を修正する必要性を受け入れましたが，これはそう簡単にはできないような難しいことでした。これを実施するためには数ヶ月がかかりましたが，すべての生徒の休み時間の行動は改善されたのです。アーロンの学年は，最後には学校生活にもっとも良い貢献をした学年として表彰を受けました。それはプログラムを実施した結果でした。

この学年プログラムと同時に，アーロンは，間違って攻撃的だとかいじめだとみなしてしまうようなやりとりや反応の意味について，特別な教育的ニーズコーディネーターからも個別の指導を受けました（そのためには，彼が本当に楽しんでいた連続テレビ番組のエピ

ソードを用いました)。彼は同級生とロールプレイをおこなうことによって，また，ときどき，彼と一緒に過ごす特別な教育的ニーズコーディネーターから促してもらいながら，実際場面にこれを応用する練習をしました。将来的にはいろんなことがありもしましたが，全体的にはプログラムは大きな成功を収めました。それはアーロンが必要としていた社会的やりとりに参加し，そこから学習することができるようになったというだけの理由からではありませんでした。

4

柔軟性を身に付ける

柔軟性のなさからくる特別なニーズ

　少なくとも学校では，社会的な困難やコミュニケーションの難しさは学習過程に大きな影響を及ぼします。また柔軟性がないと，学習自体に深刻な影響が及びます。これまで，柔軟な思考ができないことの影響は，ある問題の重要な側面に注意を向けることができないことや，課題の変化に応じて注意の焦点を変えていくことができないというかたちで現れてくることが報告されています。機械的学習という点では記憶力は高いのですが，ASD の生徒にとっては，自分自身の個人的な記憶（たとえば，昨日，週末，前の授業で自分が何をしたか）を思い出すための手がかりが必要です。彼らは，何が起こったのかという要点を思い出すことができません。同じように，一連の事実を学習することはできますが，それをすでにもっている知識パターンと関連づけることができないようです。そのため，

手がかりが与えられなければ，自分が知っていることにも気付くことができないのです。彼らは一連の決まりきったパターンや質問に対する反応を学習する傾向にありますが，それを修正することはできません。もし，修正するように求められると動転してしまうのです。自分が関心をもっている領域についての独り言を言っているときに邪魔されると，自分が言い残した場所から再び始めることができず，はじめにまで戻らなければいけなくなります。ひとつの状況で学習されたスキルを，特に指導されない限り新しい状況に応用できないのです。

　彼らの行動の多くが環境の何らかの刺激をきっかけに引き起こされているので，ASD のこどもは，きっかけのない新しい状況で困惑してしまいます。そして，彼らの反応は異常で，意味のないものとなってしまいます。彼らは工芸ではとても創造的ですし，音楽や視覚的な芸術，運動においても美学的に喜ばれる仕事をすることができます。しかしその仕事はその人が見たり，過去に教えてもらったことに常に基づいているようです。一部はオリジナルなやり方で組み合わされていることがあるとしても，全体的には想像力から生み出されたものではないのです。フランスには自分が考えた未来都市の写実的な絵を，正確かつ魅力的に何百枚も描いた自閉症の優れた若い芸術家がいます。彼は，定規を使って新しい建物を組み合わせた形で描いていますが，その建物は，世界中で見たことのある建物の構造をもとに作り上げられたものです。たとえばタジ・マハル，ルーブルのピラミッド，バルセロナの建物，エッフェル塔などがあります。毎晩，その若い青年は，建物の絵を描くために，町を思い出しながらコンパスをたてて方向を定め，その方向から見えるように違ったかたちでそれを描きます。すべての絵は一貫しており全体的にすばらしく独創的な知性のたまものではあるのですが，まったく想像的ではありません。

より基本的な水準では，ASD 児は，ごっこ遊びができず，おもちゃでとてもリジッドに遊びます。また，人といっしょに遊ぶようなかたちに遊びを広げたり，人に合わせたりすることがないのです。創造的に文章を書くといっても，それは，どのように書くのかという教えてもらったパターンに従っていたり，自分が読んだことのある本のスタイルを反映している傾向にあります。数学の機械的，幾何学的側面についてはしばしば優れておりますが，評価したり，予測したり，実際の生活環境で勉強した計算方法を用いることは難しいようです。理科の科目も同様に優れているようですが，仮説検証という過程に魅せられているのではなく，分類したり，表を作ったりすることや化学式に魅了されているのです。ナショナルカリキュラムは問題解決の方法としてコミュニケーションやディスカッションを強調していますが，多くの ASD 児にとってはそれは悲惨な結果となったという意見が広まっています。というのはうまくいっていた科目を今や問題となるものとしてしまったからです。指導する際には，コミュニケーションやディスカッションといった困難性を考慮に入れて，こどもが結果を示す際に，ことばで伝えたり，議論する以外に，表や図を用いるなどの柔軟性を大きく認めてあげることが必要です。

　二つのうちどちらかを選ぶのは，同時に二つの選択肢を心にとどめておかなければならないので，こどもにとっては通常難しいことです。ASD 児は選択肢について考えることが難しく，いくつかの可能性が開かれている場合に心を決めることが難しいようです。したがって，構造化されていない状況で何をするのかを決めたり，答えが決まっていない質問に答えたり，選択可能な他の行為があらかじめ指示されていなかった場合に，あるひとつの行為を抑えることがむずかしくなってしまうのです。

柔軟性を伸ばす

　以下に示すように，特定の思考の領域は，いくらか発達させることができるでしょう。しかし全体的には，人がストレス下にあると誰でも，思考や行動に柔軟性がなくなってしまうということを心にとどめておかなければなりません。したがって，ASD児の柔軟性を高めるためのもっとも生産的な方法のひとつは，ストレスを軽減させるための方法を探すということです。ASDにおけるストレスはさまざまな要因によって引き起こされますが，同時にそれは，ある程度個人個人によるところもあります。したがって，教師は，一人ひとりのこどもを知る必要があるし，両親のようなこどもをよく知っている人と話をする必要もあります。また，こどもをストレスフルな状況に陥れるようなものにはどんなものがあるかを知らなければなりません。

　ストレスの共通した原因は過剰な刺激（たとえば，明るすぎる部屋，人で混雑している部屋，あまりに多くの話し声），特定の恐怖症（犬，葉っぱに対する恐怖症すらあります），何を，どこで，いつ，誰とすればよいかわからないという混乱，特に重要なのは，いつそれが終わり，次に何が起こるかということの混乱です。もし，教室が，すべてのWh質問に対してはっきりと視覚的に答えることができるように工夫してあれば，少しずつ時間をかけて，ストレスを減少させることができるでしょうし，新しい学習にこどもがより応答的になるよう支援することができるでしょう。

問題解決

　問題：学習した方法を用いても失敗してしまったり，うまくいか

ないといったたいていの問題は、どこでどのようにして始めるか、何をすればいいかがわからないことによって引き起こされています。これらの状況に対処しようとこどもががんばってみても、結果的にあらゆる新しいことに挑戦することがいやになってしまうわけです。また、慣れ親しんだやり方がじゃまされたり、あるいは使えなかったりすると、怒ったり、欲求不満になってしまったり、失敗に対しては破壊的な反応をしてしまったりということになってしまうのです。

アプローチ：ASD児を支援するための原則は、彼らが何をわかっているかに気が付くこと、違う解決の仕方を提供してあげることです。そうすると、あるひとつの問題に対する一連の解決のパターンは壊されて、こどもはいくつかの方法を学習する必要がでてきます。書くということの代わりにワープロを使うことは、不器用さとその結果としての手書きの難しさによる問題を軽くしてやるために役立ちますし、自分が書いた内容が間違いだったときに×をつけられたり、それを線で消されてしまったりしたときに感じるようなこどもの不安を減らすこともできます。ワープロを使うことによって、最後には人に見せてもおかしくないような仕事ができるだけではなく、柔軟性を指導するための非常によいやり方である、下書きという方法を教えてあげることができます。ワープロを指導に取り入れてみると、下書きという方法がある課題に取り組むときに役立つこと、そして書き直すということが何かの失敗の結果ではなく、最終的に物事をよりよくしていく過程であることをこどもにわからせるためにどれほど役立つかが身にしみるでしょう。

事例：カレンは小さな街の統合教育の中学校に通う12歳の自閉症児でした。カレンは形式的によく構造化されている女子校ではよく

行動をコントロールできる,成績の良い女の子でした。しかし,彼女はいつも何かの'間違い'をしたということを受け入れることができませんでした。とりわけ,×をつけられたときです。しかし,それが本当に問題となったのは,勉強がずっと難しくなってから,小論文を書かなければならず,それが間違っていると×をつけられてしまったときでした。そんなときに宿題帳が返されると,カレンはとても混乱し,不安になってしまいました。彼女は叫び,泣きわめき,抗議したのでした(それは,宿題全体の評価がたとえ良くてもそうだったのです)。ときどき本を狂ったように鷲掴みにし,間違ったところを消してしまおうとしました。そして怒りのために本を引き裂いたのです。彼女はびくびくするようになって,書くことを拒否してしまい,小論文という課題を修得することができなくなってしまったのです。

　彼女は家でも学校の特別指導の時間でもコンピュータを用いるようになりました。しかし,この伝統的な学校ではワープロを小論文に用いることは認められることではありませんでした。カレンの母親は,権利擁護の考え方に基づいて,カレンを例外として認めるように学校を説得し,その結果,目下の問題は,下書きという方法によって解決されました。しかしながら,学校側は彼女が小論文を書くためにペンと紙を使う方法をも学習しなかったら,試験で不利になるし,○×をつけることも小論文という課題のひとつの過程だと考えていました。今や彼女はワープロを上手に使って,穏やかに小論文を書くことができるようになったと思われたとき,あらためて小論文に○×をつけるという採点が試みられました。しかしながら,これは思った通りには行きませんでした。彼女は依然ワープロで小論文を書くことはうまくできていたのですが,それを採点されることには,いまだに激しいほどに拒否的であり,さらには手で書くということには相変わらず気が進まないという状態であったのです。

そこで小論文を手書きするということに対して，特にはっきりと下書きの過程をもうけることになりました。まずは，ひとつの課題に教師が全面的に協力しながら取り組むことから始められました。その際，宿題はもはや渡されず，小論文も提出することは求められませんでした。その代わり，こどもの第1段階は，どのように答えを書いていくかについてのプランを一枚の紙の上に別々に書いて，計画を示すということにされました。それから教師が手伝いながら，質問に答えるためのもっとも効率的な順序でそれらの紙を並べ，余分だったり，無関係だったりする紙は取り除くということをおこないました。ときどき，どの部分が足りないのかをカレンに示し，どこに新しい表題を書かなければならないのかということを教える必要がありました。同意できた部分は順番に糊付けされ，カレンはそれを家に持って帰って課題として与えられた小論文に応用しました。小論文は必ずしも完全ではありませんでしたが，以前は塗りつぶされたり，×をもらっていたような大きな間違いは減少しました。おまけに，出された課題に関連がある諸問題について理解し，それについて深く考えることまでできるようになったのです。この方法は小論文を書くというカレンの能力を改善する際にとても良い方法となりました。教師はクラス全体に同じような方法を導入しようと決心し，結局クラス全員のためになったのです。

選択し，決定することを学ぶ

問題：統合教育の学校に通う ASD 児は通常，簡単な選択をおこなうことは学んでいますが，ふつう，1つのものを受け入れるという段階にあって何らかの選択をおこなうということはないようです。たとえば，こどもがピザとビーフバーガーのどちらを昼食で食べるかというような選択肢を与えられても，「ピザ」と口に出すことに

よって，一方の選択肢を無視して自分が好きなひとつの物をただ'選ぶ'といったもので，本当の選択をおこなわないままこの状況を処理してしまうのです。選択が本物になるためには，選択肢は両方ともに心の中にとどめられ，それらの間で選ぶということでなければなりません。これは何か魅力的なものが見つかるまでカフェテリアの列に並ぶのか，学級の活動の表示を見るのかといった単なる問題ではありません。ASD児が本当の選択をおこなう機会を与えられない限りは，彼らにとって，いつ本当の選択をしなければならないかさえ理解することが難しいのです。彼らが選択の練習ではなく，人の言うことに従うことを教えられてきたとすれば，彼らは欲しくはないものを受け入れてしまうでしょう。それは両方の選択肢を拒否することができることを知らないという単純な理由によります。はっきりした選択状況においてはこどもは好きな活動を手に入れ（たとえば，コンピューター），もう一方の選択肢を受け入れないということによって選択を避けるかもしれないのです。

アプローチ：ASD児は早くから選択や決定をおこなう練習を必要とします。保育園の段階では第2章でみたように，選択を行う機会を提供することが，なぜコミュニケーションするのかという目的の理解を伸ばします。したがって，ハイスコーププログラム（Jordan and Powell, 1990）[*18]が，自分がおこなうべき活動をこどもに選択させる（そして，それを振り返り，さらにそれをあとで深く考える）ような枠組みを提供しますし，この種のアプローチは将来の学校生活で自由時間の使い方を指導するために用いることができます。

[*18] ハイスコーププログラム（High-Scope programme）：当初，就学前児の考える力を育てるために開発されたプログラムであるが，そこでは，自分で計画し，モニターし，自分自身の活動について深く考えることが指導される。

こどもが本当の選択をおこなっているかどうかを確かめるために，セルフサービスの状況（実際のセルフサービスの食堂がもうけられていたり，あるいはいくつかの活動が'選択'できるように教室に表示されている）では，選択する際に，食べ物や活動の材料それ自体にふれることができないようにしておかねばなりません。これは選択の時点でメニューを与えるということ，そして，教師や学級委員が，こどもの選択したものを'渡す'ことによっておこなうことができます。食べ物や活動に対するこどもの選択肢を広げようとする際にも，この方法を用いることができるでしょう。メニューをもつことによって，何が利用可能で，何が利用できないかということのコントロールを可能にします。もしこれがこどもにとって精神的にとてもきついようでしたら，メニューを非常に短い間だけ提示するようにすることができますし，そうすることによって，（食べ物や活動の）第1段が選択され，それを終えた後に，また第2段としてもう一度好きな選択がおこなえるというメニューを与えることができるのです。

　事例：ジョンは統合教育の小学校に通う8歳児で，いつもコンピュータを使いたがり，いったんコンピュータが使える状況になると他の何も'選択'することができなくなるこどもでした。他のこどもが自分より先に，2台のコンピュータの両方を占領してしまうと，彼は決して他の活動を選択しようとせず，順番が回ってきた人の周りを自分の番が'来る'までうろついたのでした。それが自由選択時間ではない場合ですら，彼はコンピュータ作業を許してもらうことを期待し，人と一緒に使うとか自分の順番を守るといった考えをまったくもちませんでした。彼はしぶしぶ待っていましたが，他の人の順番のときに喧嘩をふっかけ，その状況に気を取られている間は，他のことに，いっさい集中しませんでした。彼はだんだんとコ

ンピュータに対して強迫的になり，他のカリキュラムに携わることができなくなって，学ばなければならない他のスキルを学習することができなくなってきていると教師は心配していました。

　大好きなことに取りこまれている間は，どんな選択もおこなうことができないという原理は，この状況でははっきりしています。教師は，それが理解できたので，ジョンの選択を広げるためのプログラムを工夫することができました。活動の選択肢は，荷物置き場に置かれたメニューボードに移されましたが，ジョンがコンピュータを選択するという一連のパターンは相変わらずでした。そこで，2つのコンピュータをすでに誰かが先に使っているようであれば，選択のためのコンピュータの絵はメニューボードからはずすことにしました。つまり，コンピュータを思い出させる視覚的な手がかりがない状況で，他の項目を選択しなければならなかったわけです。教室ではコンピュータは本棚の後ろに置かれて他からは遮蔽されました。そうすると，ジョンはコンピュータにいつも引きつけられることなしに'選択した'活動を成し遂げることができるようになりました。教師はまたコンピューターの魅力に勝るとも劣らない新しいおもしろそうな活動をいくつか取り入れもしました。磁石を使ったゲーム，ライトとブザーが付いたサーキットボード，写真映写，トマトケチャップを付けてコインをきれいにふきあげることなどの活動です。結局，ジョンは広い関心をもつようになり，コンピュータの時間に強迫的な固執をせず，選択するということの意味について深い理解を得ることができたのです。

出来事を思い出す

　問題：ASD 児は自分が体験した出来事に対する個人的な関与感がほとんどないように思われます。あたかも，出来事が意識的なか

たちで体験されるというよりも、記録されているようです（Powell and Jordan, 1997）。したがって、彼らはそのような出来事を思い出さねばならないとき、なんらかの手がかりが必要になります。これが遅延性エコラリアの一つの説明ですが、ある一つの状況で獲得したり、聴いたりしたものの特徴が、他の状況においても共通して認められると、それらの語句が'飛び出して'くるように思われるわけです。それはまた、いったん、あるキーワードがひとまとまりの記憶を再現する引き金になると、どんなにそれが長い文や目録であっても思い出すことがなぜできるのかということをも説明します。そして、自分がしたことよりも、誰か他の人（見たことのある誰かであり、それゆえ'記録'されている人）がしたことを教師に話すことが容易であるように思われます。

アプローチ：この問題に取り組むためには主に二つの方法があります。第一に、教師は学習の時間にこどもが使用することができる手がかりを明確にしておく必要があります。とりわけ、その手がかりはこどもが何かを思い出すときに利用できるものでなければなりません。なにかの特徴に関連する自然な手がかりがなければ、こどもにはキーワードやイメージを用いるといった、自己産出的な手がかりを用いた記憶方法について指導する必要があります。もう一つの基本的なアプローチは、課題を遂行をしている自己感を育て、そのときどきに自分が獲得しようとしている知識やスキル、体験に対する気付きを伸ばし、何を知っていて何をすでに体験したかについて深く考えることを育てるということです。

事例：ニコラは統合教育の中学校へ通う13歳のアスペルガー症候群のこどもでした。彼女は最初の6年間の教育をASD児のための特殊学校で過ごしましたが、中学校に入った段階で、前の年から

徐々に導入されてきた統合教育の学校に移動したのです。彼女は勉強はとても良くできましたが，特定の領域に関する主観的知識に限界がありました。しかしながら，学習上の主要な問題は，主観的問題を把握したり，課題を遂行する能力にあるというよりも，事実に関する知識を自分の体験に結びつける能力と，文学やドラマ，歴史・伝記に書かれるような個人的な体験を思い出す能力にあるようでした。教師はこの明らかにアプローチが難しい記憶に対する手がかりとして働いてくれるキーワードを探すのに苦労しました。しかし，一方で他のこどもが質問されてもわからず答えに窮しているときに，ニコラに同じ質問をすると，ぴょんぴょん跳ねながら答えているところを見たりもしたのでした。

　プログラムは，ニコラの体験を明確化することから始められました。ニコラにそのときどきの自分の体験について実況中継風に語らせたり，ニコラが旅行に行っていたとすれば，学校に戻ってからおこなわれる授業時間に思い出しセッションをもうけて，その体験について深く考えるような時間を作ったのです。最初の段階はニコラにとって，大きな制約があると同時に，機械的なものとなりました。それは「今は雨が降っています。私は濡れてきました。地面はぬるぬるしていて，滑ってしまいそうです。」というように，物理的な出来事に関してだけではなく，印象とかその出来事について彼女が何を感じたかといった両面の体験について，逐一，その場でコメントをするように促されたのです。ある体験が終わってしまうと，すぐに彼女は，「私たちが鉄橋を訪れたときにどんな天気でしたか？雨のなかを歩いてどんな気持ちでしたか？」といったコメントに対応するような，確認のための質問をおこなわれました。それから，学校に戻ってからその訪問について書くように求められ，作文という目的のもとで，また同じ確認のための質問がなされました。

　このプログラムは遅々としたものでした。なぜならニコラは，あ

る出来事の後すぐに行われる反省の時間に，そこで何があったかを話し合い，出来事に関連した質問に答えるということに少しずつ慣れてはいきました。しかし，これらの同じ質問は，いったん，学校に戻ってしまうと，まわりの状況が，前の出来事の状況と完全に異なるので，思ったほど記憶を引き出すのに十分ではなかったようなのです。彼女の父親の提案により（プログラムについては，両親と話し合われており，両親は家庭でも同じようなことを引き続きおこなっていました。それが学校と家庭のつながりを促していました），教師はニコラのコメントをテープに録音し，学校に戻った後，彼女に確認のための質問をする前に，それを聴かせました。これはうまくいきました。しかし，ニコラの想起能力が改善されたのか，テープという単に記憶を思い出させるための，持ち運びできる手がかりを手に入れただけの問題なのかどうかは明らかではありませんでした。しかしながらこれが成功したことによってニコラは個人的な記憶を保ったり，思い出したりする経験が増え，6ヶ月後にはテープ記録を取り下げても，記憶を低下させることはありませんでした。とはいえ，ニコラはいまだにコメントするように促されなければならず，記憶を促すための質問がまだかなり必要です。

概念の発達

問題：ASD児は自分の体験を分析し，その体験から共通したパターンを抽出する能力が低いように思われます。これは彼らの概念の発達においてもっともはっきりとみられます。しばしばASDの人々は，抽象的な概念を操作することができないと言われていますが，これは実際は誤りです。かれらは科学的概念のようなものを獲得することができます。しかし，その概念は，それについての定義的な特徴から構成されたものです。そして，あらゆる概念を理解し，

獲得するために'辞書'的な方法を用いようと試みているようです。しかし、'テーブル'、'イヌ'、'古い'、'赤い'、そして'大きい'といったような日常的な概念は、通常、そのようなやり方では獲得されません。また、私たちの'ファジー'な概念は定義することができるようなものではありません。たとえ、私たちがこれらの概念に対応するいくつかの例をあげることができたにしてもです。私たちは、'テーブルらしさ'、'イヌらしさ'、'古さ'、'赤さ'、'大きさ'などをなにが表しているかを理解できるようになるにあたって、多くの具体的な体験をするなかで概念を抽象化しています。自閉症を有する人々はこれをおこなうことが難しく、なにかの概念について考えようとすると最後に特定の事例について考えるかたちで終わってしまうのです (Grandin, 1995)。彼らは他者が、'赤い'といった広い概念を有していることを知っているかもしれません。しかし、彼ら自身の思考は、彼らが赤という概念を関連づける特定の対象の赤という色に制約を受けているようです。このことが概念のネットワークや柔軟な思考の発達を押しとどめてしまうことになるのです。

アプローチ：ASDにおける概念発達に関する科学的な証拠はほとんどありません。しかし、いくらかのASDの人々が報告している体験が本当であるとすれば、概念を教える際には、より柔軟な思考を発達させるよう援助するやり方であることが重要です。発達早期から特定の対象に名前を付けることによって、日常的なものやそれらの性質に関する名称を教えるべきではありません。むしろ、こどもがカテゴリーによって分類できるような多くの体験をさせてあげる必要があります。こどもがさまざまな例をひとつの概念に分類できるようになって初めて、それには名前が付けられるべきです。これとは違う教え方としては、たとえば、まずこの積木は'赤い'と教えた後に、赤の概念を赤いペン、トラック、スカートに応用す

るよう試み、それから'学習したことがない'異なる種類の赤を、すでに学習した赤と同じほど取り入れていくという方法が考えられます。しかし、これでは、欲求不満と失敗という結果を引き起こすことでしょう。

事例：ジョエルは3歳の自閉症で、ちょうど話ができるようになったこどもでしたが、一週間に5日間、午前中に統合保育園に通っていました。彼の母親は行動療法について聴いたことがあり、しばしば'お勉強'と称して、彼を座らせ、彼の洋服の色とか絵本の中の共通のものに名前を付けるということを教えていました。保育園の先生と彼のプログラムについて議論するなかで、ジョエルの母親は、彼は自分が何をしているのかということについての考えをもっていないように思われることを隠していました。彼は、教えるなかで用いたことがあるものの絵を見せられれば、「リンゴ」と言うことができましたが、それを本当のリンゴに名付けるために用いることはなく、リンゴが一つほしくても、その名前を決して用いませんでした。同じように、彼は'赤'であるとして訓練された項目を指さすことはできましたが、その他の赤いものを受け入れることはできませんでした。彼らの指導セッションは、しばしばお互いに欲求不満になって終わり、ご褒美を与える代わりに彼女は彼に課題を'おこなわせ続けた'のでした。

教師は、自分が母親のように同じ概念を指導しようとしてはいるけれど、母親とは違って分類テクニックを用いていること、それはふつう保育園のこどもたちに用いられているものであることを示しました。教師はジョエルがさまざまな分類課題のなかである概念を用いることができるほど理解を示しはじめたなと感じたときに初めて、名前を付けたり、要求したりなどさまざまなやり方で、その概念を使うために名称を用いるように指導した方がよいことを母親に

伝えました。こどもの学習のペースは遅かったのですが，それはむしろ安全な方法でした。そして，ジョエルがある概念について理解できるようになると，だんだんと適切な命名ができるようになることに母親は気付いたのです。しかしながら，彼の思考に対する長期的な効果はいまだ示されていないのが現状です。

5

問題行動の取り扱いと防止

問題行動と自閉性スペクトラム障害

　扱いにくい行動，あるいは問題となる行動は，自閉性スペクトラム障害の特徴ではありません。しかし，これらは，混乱した環境に直面し，自分の欲求不満を伝えたり，他者をコントロールすることが難しい自閉性スペクトラム障害の生徒に共通した反応です。結果的には，こどもがより高いコミュニケーションスキルを身に付け，他者に影響を与えるようなそれ以外の方法を獲得し，他者についての理解が高まって何が起ころうとしているのかをよりよく予測できるようになると問題行動は減少していく傾向にあります。生徒が何らかの理由で特定のストレス下に置かれることがあったり，あるいは思春期に身体的，情動的な変化が起こったり，行動的な困難が再び生起したりなど，いろいろなことが起こるのですが，ASD の生徒と他の生徒の間の違いは，ASD の場合，自分のストレスを解消

する方法をほとんどもたず,処理方法を身に付けることができないということです。

多くの ASD の生徒が知的障害をもっていたり,あるいはてんかんをもっていたりします。そしてこれらの状態それ自体が問題行動と関連しています。統合教育の学校に在籍する生徒はこれらの付加的な障害に煩わされていることはあまりありません。しかし,それは第1章で述べたように,ある部分,教育的な政策によっているところがあります。発話が困難なこどもの場合は,より重篤な問題行動を身に付けてしまう場合もあります。それはコミュニケーションスキルがより低いからでもありますが,自己コントロールが発達するのが,言語を通してであるということにもよります。自閉症の年少児は幼稚園で困難な行動を示しがちです。しかし,よちよち歩きの頃に示される行動はこどもが小さいので管理しやすく,他のこどもの行動と比較してもあまり異常ではありません。年長のこどもの行動の暴発は現実にはそれほど重度ではないにもかかわらず,自らコントロールすることができないので,その生徒本人やまわりに及ぼす影響が大きく,はた目からは恐ろしいものに見えてしまいます。そして仲間とはっきり違う存在として区別されてしまうのです。

高機能の ASD の生徒が重度の問題行動をあまり示さないということも事実です。おそらくそれは,彼らが環境をなにがしか理解することができ,自分たちのニーズを伝達する方法をもっているからだと思われます。しかしながら,高機能といえども,彼らは能力の低い ASD の生徒と共通する多くのストレスを感じています。そして,自らの高い能力が,彼らの行動をより問題あるものとしてしまうこともありえます。彼らは,自分自身のやり方をとり,他者をコントロールし,すべてを自分の思うとおりにしようとしてしまいます。しかし,一方で,おとなが彼らの行動をコントロールするために工夫した方法を取り入れますし,それらを自分の利益のために用

いることができます。また，彼らは，きわめて強迫的で狭い関心を発達させ，その他すべてのことを排斥してまでそれらを追い求めようとしてしまうかもしれません。逆に，自分の状態についての気付きが高まってくると不安になり，抑鬱的にすらなってしまいます。成長して自分たちと他者との違いに気がついてくると自殺の危険があるグループさえしばしばいるのです。

共通する問題

　統合教育のクラスでは自閉性スペクトラム障害のマネージメントの問題は，日々みられる特定の問題行動をどう処理するかという問題ではなく，教職員が個々の ASD の生徒について，継続的に話し合っていくにはどうしたらよいかという問題です。生徒は，なぜ何かをしなければならないかがわからなかったり，教師の指示に従うということ自体が受け入れられなかったりするかもしれません。ASD の生徒にとって，誰かにコントロール権を与えてしまうということは非常に難しく，それを彼らは理解できず，予測できず，それゆえ，他者を信用することができないのです。教師たちは，一般的で明確なルールを示せば（教室に書いたり，表示したりすることが望ましい），生徒の行動をコントロールしやすいことがわかるでしょう。また，それによって，教師ではなくルールに従うということを教えることができるでしょう。教師は，生徒に何かをおこなわせるために，ルールがあるのだと強く言うことによって（たとえば単に外に行って遊ぶようにこどもに言うよりも，こどもたちは外で遊ばなければならないというルールがあることを強調し，ルールを守るということに納得させる），ときどき，だましてみることさえできます。しかしながらこれがあまりに用いられすぎると，生徒が局面を一変させることを学習してしまうかもしれない危険性があり

ます。これは，このようなマネージメントの方法を家庭でも用いようと試みる親に対しても起こりうることです。たとえば，ある母親の息子が次のように言い始めたことがあります。何かをしたいときはいつでも，「僕が夜遅くまで起きていなければならないルールがあるんだ。」

'問題行動'という用語は相対的な用語で，教師にとって'問題'であるということは，他のこどもにとっては，仲間はずれの理由となるかもしれないということを肝に銘じておく必要があります。生徒が仲間はずれにされてしまうのは，常に行動上の問題の重さのためだけではなく，教師が利用できる資源（スキルや知識を含む），すでに状況にあるストレス，学校の特徴とその全体的な哲学にも基づいています。問題行動は失敗から引き起こされます。生徒が問題を処理するためのうまいやりかたを身に付けることができなかったという失敗や，そのような方法をこどもに教えることができず，生徒のニーズにあった学習環境を提供できなかった学校の失敗です。それは責め立てられるものではありませんが，責任ではあります。生徒と関わっている学校は，問題行動を引き起こすことなしに，行動をコントロールすることを生徒に教える責任をもっています。それらの課題は難しいものですし，ときどき，失敗することもあるでしょう。しかし，ASD の生徒の通常の問題行動は，生徒のニーズに合わせて何らかの調整を行う必要が学校にあるということの警告でもあるはずです。

逃げさり行動

問題：ASD の生徒には，親や教職員を悩ませる二種類の走り回り行動があります。そして，それらの一つだけが逃げさり行動です。最初のものは，より正確に言えば，'○○に向かって走る行動'と

呼ばれるべきものでしょう。たとえば，生徒が車かバスで何マイルも遠くにあるところで何か欲しいものを見つけたことがあったとします。生徒は，自ら決心して，それを見つけに学校から走り去ってしまうわけです。こどもが欲しがるものは，ふつうその生徒の強迫的関心と結びつきます。そのように，ある物を初めて見たときに，こどもがそれに魅せられているようであれば，こどもの行動から，そのことがすぐにわかるでしょう。そんな場合には，生徒がいなくなっても見つけることはそれほど難しくありません。とはいえ，そのような行動には問題がないと言っているわけではありません。というのは，それはこどもがひとりで遠くまで危険な旅をしなければならないわけですし，生徒が店のショーウインドーの中のマネキンからきらきらした洋服をとっているところを見つけたり，うれしそうに誰かの芝刈り機を分解していたり，噴水の泉の中に座っていたりするのを発見するというようなかたちで困った再会をするという結果になってしまうことがあるからです。

　しかし，もっと心配な行動は，本当の'逃げさり'です。正常であれば，よちよち歩きのこどもを母親に結びつけている'ゴムひも'とも呼べるもの，すなわち，周囲を探索してまわっていたとしても，必要があればすぐに母親のもとに戻ってこさせるような心理的なつながりが ASD においては欠けているか，あるいはかなり弱体化しているように思われます。こどもは戻ってくる気配なしに走り去ってしまい，パニックになったおとなは，こどもに戻ってきなさいと叫び，追いかけ始めます。そこで，こどもが走り逃げる訓練が始まるわけです。それは通常，家庭で始まり，学校の教師や職員によって，それが本当に問題となるまで続けられます（つまり，おとなは追いかけても決してこどもを捕まえることができなくなるのです）。もちろん，おとなはこの行動を訓練しようと意図していません。しかしこどもはその意図に反して，自分自身，その状況をどのように

知覚したかによって反応しているのです。この場合，ASD のこどもにとっては，楽しいゲームがおこなわれていることになります。その子が，たとえ同じ追いかけっこでも社会的ゲームとなるといっさいおこなわないにしてもです。おとなはおそらく不安になったり，怒ったりするでしょう。しかしそのすべてがこどもにとっては無駄なのです。こどもが知覚しているのは，こうした，おとながおもしろそうに予測したとおりの音を立て自分を追いかけてくるということです。驚くべきことでもないのですが，このパターンを壊す介入がない限りこの行動は増大していくでしょう。

アプローチ：逃げさりには，できるだけ早く対処する必要があります。というのはこどもがより長い間，走り去ることを'訓練'されてしまえばしまうほど，それを減らすための本当の指導は逆に難しくなってしまうからです。しかしながら，たとえ，こどもが10代になって，もはや小さいこどもではないとしても，もし，その行動がこどもの生活の質を低め，日常生活に制限を加えているという事実があったとしたら，この行動に介入しようとすることはやはり価値あることです。もし可能であるのなら集中的な訓練をアレンジした方がよいでしょう。というのは，こどもが他の文脈で，走るということをいまだに強化されているとすれば，はじめの訓練の逆効果を取り返すことが難しいからです。原理は，行動療法的アプローチを用いて，こどもが名前を呼ばれたときに戻ってくることを訓練するということです。しかし，好ましくない行動を取り除くすべての試みと同じで，こどもはこの'ゲーム'を楽しみ，何年もの間，おそらくそのようにしてきたのだということを肝に銘じておく必要があります。こどもは，他者と社会的に関わるという多くの選択肢をもっているわけではありません。したがって，こどもが，他の機会に追いかけっこを許されている限りは，追いかけっこを刺激してし

まわないようにしてもうまく行くはずはありません。それは'逃げさり'行動をどのようにみなすのかということでもあります。追いかけっこをするなら，その時間ははっきりと合図されるべきであり，追いかけっこの始まりには，こどもが逃げ出すというのではなくて，違ったシグナルが出されるべきなのです。

事例：アンジェラは統合教育の小学校に通う6歳の自閉症児でした。しかし中度の知的障害を抱えており，発話が非常に少なく，そのほとんどはエコラリアでした。母親によれば，彼女は走ることができるようになって以来'走り逃げ'続けてきていますが，それが問題となってきたのは彼女が母親を追い越すことができるようになった1年前からで，教師は危ないのでクラスから連れ出すことを拒否してしまいました。彼女が統合教育の学校に所属するのか，特殊学校に移るのかについての決定もおこなわれました。逃げさり行動が続けられることに対して，彼女のニーズに関係なく特殊学校が適切だとあらかじめ決定される前に，この行動をコントロール下におくことが重要であると感じられました。

こどもが年長で，力が強くなって行くにつれて，おとなは，最低，二人は必要になります。教育実習生がボランティアで母親と毎日，半日休みの日までも使って，日に二度，プログラムに関わりました。まず第一に，適当な報酬が選択されました。アンジェラはいくつかの強迫的な関心の対象をもっていて，彼女はそれを身に付けていたがっていました。そこで，母親がこれらの一つを自分のポケットにしまっていました。さらに，出口が一つしかない静かな袋小路となった小道がアンジェラにとって安全な環境として決定されました。そして，母親はその片側にアンジェラを連れていって解き放ったのです。彼女はアンジェラが教育実習生の手の届く範囲に到着するまでは彼女を呼ばず，追いかけませんでした。到着した時点でアンジ

ェラの母親が大きな声で彼女の名前を叫び,「ここにおいで」と指示を出したのです。このシグナルで実習生は何もしゃべらずにアンジェラをくるっと回し,彼女の母親のところに戻らせました。アンジェラが自分たちの手の届く範囲に来たら,母親は彼女をしかりつけたりせず,戻ってきたことをほめ,ポケットからおもちゃを取り出して彼女に渡したのでした。

　この手続きを15日間繰り返しました。それだけではなく,放課後の夕方に10日間,それを一度だけ繰り返しました。ときどき道を変え,報酬も変えました。実習生はそれから,アンジェラが学校にいる時間帯に教師と一緒にこれをおこなうようアレンジしました。最初は,自分たちといっしょに,後には他のこどもたちといっしょにおこなうようにしました。追いかけっこのセッションは,一週間に二度,昼休みの時間に導入されましたが,ベルを使ってシグナルが与えられました。こどもたちはグループでゲームをおこなうのですが,昼食時間のスーパーバイザーがシグナルとしてベルを鳴らすと,そのグループのこどもたちが逃げ去って,第二のグループが彼らを追いかけました。そうすると,このプログラムはアンジェラが外にいるときに走り去ってしまうことを'治した'だけではなく,学校の運動場で社会的なゲームに入っていくことができるようにもしたのです。

強迫的な関心の対象や活動

　問題:すべてではないかもしれませんが,たいていの ASD のこどもは一つや二つの強迫的な関心を発達させるし,また,くっつけておいたり,どこかに持ち歩きたいと言い張るような対象をもつようです。ときどき,これらの強迫的な行動それ自体が問題となってきます。たとえば,年少の男の子が,自動車が走っているにもかか

わらず道路の真ん中の白線の上をしきりに歩きたがるといったような危険性があるからです。あるいは，あるこどもが一緒にいるおとなに対して，たとえば，常に一つの方向だけに曲がるよう求めたり（たとえば，左にだけ曲がるように言う），反対方向に曲がろうものなら不安にとらわれてしまい，激怒するような場合には著しい不便となってしまうからかもしれません。統合教育の学校でもっとも共通するのは，生徒の強迫的な関心が，何か他のものに注意を向けることを妨げたり，どのような新しい学習も妨害してしまうような場合に問題となるということです。

　アプローチ：すべての問題行動に言えることですが，第一段階は生徒にとってその行動がどのような機能を果たしているのかを見つけだすことです。強迫的な行為は，不安を減少させたり，調節したり，また混乱するようなその他の刺激を遮断したりするための方法として機能しています。また，混乱した環境に秩序や安心感を提供してくれるので，楽しみや激しいほどの興味の源となってしまいます。ほとんどすべての事例において鍵となる機能の一つは，生徒に制御感を与えるということです。いったん特定の機能が見出されれば，教師は，生徒の強迫的な活動を減らしたり，やめさせたりする機会をみつけて，それらの機能を置き換えてあげる必要があります（あるいは取り去ってあげる必要があります）。もし，置き換えてあげないと，特定の望ましくない行動を取り去ったとしても，その行動はまた復活したり，もっとたちの悪い新しい行動に取って代わりさえするかもしれません。すべての行動には目的があります。たとえその目的が私たちに対して直接，明白ではないにしてもです。そして，私たちは，もしプログラムを成功させたければ，その目的を実現させるような新しい方法を教える必要があるのです。

事例：マシューは中学校に通う11歳の自閉症児でした。彼は多くの異なる強迫性をもっており，古い強迫は新しい強迫と置き換わりましたが，時には二つまたはそれ以上の強迫が違う強さでもって一緒にみられたのでした。強迫的関心のどれもがそれ自体重篤な問題ではありませんでしたが，マシューが大きくなるにつれ，それらの行動が勉強を妨げるようになっていき，今や統合教育の場に居続けることすら脅かすようになってきました。療育がおこなわれ始めたときには，マシューは教会に強迫的な関心をもっていました。

教会への関心は，強迫的関心はおさまっていくというよりも大きく広がっていくという原則を示すよい例でした。それは不安を減少させるという機能を果たしているようには思われませんでした。しかし，教会の建築様式を見て，訪れたことがある教会のリストを作り，それらの構造についてのあらゆる統計をとるという喜びを与えているようでした。そこで，はじめに，教会についての勉強をたいていの教科に取り入れるという方法をとりました。このいくつかはかなりうまくいきました。美術の時間にステンドグラスを描き，教会音楽に聴き入り，教会を訪問したことについて小論文を書き，特定の教会の歴史を勉強し，教会がどのような構造になっているのかや，どこにそれが建てられているのかを理科や地理の時間それぞれに見ていたのでした。しかし，これらの勉強は，いつも他の生徒がしていることとフィットするわけではなく，彼の関心を教会から，教会を取り入れて行われた他の教科へと広げていくためには役立たなかったのです。実際，教会について勉強する機会は，ただただ，彼の関心を満足させ，増大させているだけのように思われました。今までのところ，プログラムのなかで一つ成功したことはマシューと教師の間の教室での衝突を減らしたことであり，マシューは勉強をすることに熱心になったのです。

そこで，たとえば手紙を書いたり，美術や音楽の授業の時などの

勉強のなかで教会に関心を示し続けることが適切な場合にはそれは認めるようにしました。しかし，まずはいくつかの授業で自分の関心を追い求める前に，教会に関係のない勉強をすることを自分から申し出ることが決められました。彼は時間制限というかたちではなく，しなければいけない多くの作業を与えられました。けれども，その時間を，なぜ作業をしなければならないのかと口論したり，異議を申し立てたりすることに浪費し，上の空のままでそれをやろうとしただけでした。そこで，まずは，教会の'勉強'にふける前に，教会ではない課題を非常に短い時間をおこなうようにされました。そして，これが徐々に延長されていき，やがて教会ではない課題を授業のほとんどでおこなうことができるようになっていきました。教会の勉強はメインの作業が終わった後に，'間を埋めるもの'となっていったのです。このプログラムは成功を収め，教会に対する関心はあまり強迫的なものではなくなり，特別な趣味となっていったのです。

　この第二のアプローチは強迫的な関心を変化させるための良い方法です。マシューの場合，プログラムの終わり頃にかけて，アラームシステムに強迫的な新しい関心を示してしまいました。プログラムは彼の関心を変えることに貢献していましたが，その代わり，これはよくあることですが，すでに関心を変化させてしまっていたのです。もし，プログラムが彼の関心を利用して，すべてのカリキュラムに広げていこうとする最初のままにとどまっていたとしたらどうなっていたでしょう。強迫的関心が変わるたびに，教師はすべてのカリキュラムの材料を変えなければならないというきわめて重い荷を負わされることになったはずです。そして，新しい関心について再度，考慮しなければならないことになったでしょう。ある関心がどれほど長く続いていくのかということについての保証はなにもありませんし，アラームシステムは教会のようにカリキュラムの上

で何の生産的なメリットもないのです！

　結局，統合教育の教師は，第二のアプローチを適切な選択肢とみなしたわけですが，大切な二つのポイントがあります。第一は，生徒の関心を用いるということは，生徒にとって大きな動機付け要因となるということです。はじめのプログラムの間は，マシューは自分の勉強にとても夢中になって，第二のプログラムのなかでは決して達成されなかったようなペースで新しいスキルを学習しました。第二の点は，報酬プログラムは，もし，マシューが教会の勉強をすること以外には関心を示していなかった最初の段階で導入されたとしても，役に立たなかっただろうということです。最初のプログラムはカリキュラムに何らかの関心を見出すチャンスを与え，よい勉強の習慣を身に付けさせたのです。問題に対する一つの解決法というものは決してありませんし，それぞれの状況で，それぞれの生徒のために選択されるものはそれぞれ異なるはずなのです。

── 攻　撃　性 ──

問題：攻撃性ということばは，ASD 児にみられる行動に対して必ずしも適切な表現ではありません。しかし，それはその行動がどのように見えるかということを意味してはいます。それは誰の観点が考慮されるかによっています。ある人が ASD の生徒が他の生徒や教職員はなんの挑発をしたわけでもないのに，けがをさせるほどひどく蹴り上げようとしているところを目撃したとすると，それは'攻撃的'とはっきりみなされるでしょう。しかし，もし，私たちが，自分の感情について語ることができる ASD の人々とそのような出来事について話し合ってみると，犠牲者に対しての何の怒りの感情も報告せず，彼らを傷つけたいとはまったく思っていなかったと言うのです。もっとも共通するのは，パニックになっているとき

には，自分が何をしたかがほとんどわからないと述べることです。言い換えれば，もっともはっきりとした攻撃行為は，個人個人をパニックにしてしまうような出来事に対する反応であり，他者に対する意識的な攻撃ではないということです。それは他の皆がこの行動を我慢しなければならず，ASD の生徒に自分自身の行為の責任をもつことを教える必要がないことを意味しているのではありません。しかし直接的に罰を与えたり制裁をしたりせねばならないということを意味しているのでもまったくありません。嫌悪刺激の形態を用いることは，お尻に火をつけてしまいます。なぜなら生徒の混乱やパニックを増大させもっとも'攻撃的な'行動を増加させてしまうからです。

　アプローチ：もう一度言います。アプローチとしては状況にある，あらゆる特定のきっかけに関してそうであるように，行動の機能を見定めるべきだということです。学校のような社会的な環境にただいるだけでも，ASD の多くの生徒が非常に大きなストレスを体験させられてしまうことを考えると，あるきっかけが行動を'引き起こした'という意味での特定のきっかけはありえません。より考えられることは，そのきっかけは一連のストレスフルな出来事を体験してきた生徒にとって，最後の導火線であるということであり，あまりストレスフルではない環境では，攻撃的な行為は火をつけられないだろうということです。状況というものはそのような知識を心にとどめて確かめられなければなりません。しかし，同時に，生徒の個人的な知識とストレスを引き起こすような対象についても検討されなければなりません。

　さらに分析するとすれば，その行動はコミュニケーションの一形式とみなされる必要があります（これが生徒のその場での意図であろうとなかろうとです）。そして，もし生徒がどのように伝えたら

よいかを知っていたとすれば、この状況で生徒が何を伝えようとしていたのかを尋ねることが大切です。行動をコミュニケーションとして取り扱い、同じ機能を果たすと思われる、より良いコミュニケーションのしかたを身に付けさせることはこの種の行動を処理するためのもっとも有効な方法となりえるでしょう。最後に、生徒に自分が何をしたのかについて気付くことができるように指導する必要があるでしょう。また、どの時点で、違う行動を選択しなければならないかを教えてやる必要もあるでしょう。さらに、彼らは、制裁を受けるということが、単に捕まえられた結果なのではなくて、（自分で責任をとらなければいけない）自分の行動の結果であることを理解する必要があります。そして、守らなければならないルールを守らなかった罪の結果であることも理解しなければなりません。行為と出来事の間の関係性を示す流れ図や選択の時点を示すことは、その生徒にこれらの点を痛感させるのに役立つのです。

事例：ルークは統合教育の小学校に通うアスペルガー症候群の10歳児でしたが、教師や介助職員[*19]、そして他の生徒たちに対する'攻撃的な'行為が続くことで仲間はずれにされる危険がありました。何らかの直接的な原因があるという意味で、これらの事に共通する糸口があったわけではないのですが、その代わり、何かが彼を怒らせたわけでもないのに、結果的に、必ずといってよいほど誰かをたたいたり、蹴ったり、かみついたりということになってしまうのでした。ルークの両親は、家庭でも同じような事件があることを報告しており、地域行動支援チーム[*20]から派遣された心理学者が一人、その状況を処理するための方法を作り上げるために関与することになりました。

[*19] 介助職員（support staff）：通常、特別な教育的ニーズをもつこどもを援助するために雇用される介助者全般をさして用いられる用語。

ルークは語彙や文法などの優れた構造学的な言語はもっていました。しかし，自分自身の行動について深く考えることがほとんどできませんでした。いずれの場合にも，人を叩いたりしてしまうときに自分がとても混乱しているのだけれど，なぜそこにいる人に対して'攻撃的な'行動をとってしまうかを言うことはできませんでした。また，何が自分を混乱させたのかを言うこともできませんでした。巻き添えになった人々や事件を目撃した人と話しをしてみたり，後に起こった事件を観察したりして，心理学者はこれらの行為に対して次のような一連の機能を示唆しました。

教室では，たくさんの騒音と混乱及び注意を集中してやらなければいけない課題がある場合には，ルークはだんだんとストレスフルになっていきました。ある生徒が彼の腕を無意識的に突っついてしまったら，ルークはほとんどを自動的に，そのときに自分の口のそばにあるその生徒の腕にかみつくことによって反応しました。このような状況では，ルークにそういった行為を踏みとどまることを学習させるチャンスはほとんどないような自動的な行為に思われました。こうして，よりよいアプローチとして，作業，とりわけ集中することを必要とするような課題をおこなう際に安心できる一つの場所をルークに提供することによって教室における混乱を減少させることが取り入れられることになりました。

運動場では，ルークは，あらゆる活動で再びうろたえたように見えました。周囲のフェンスの周りを歩き回って時間を費やし，ときどき他の人を怖そうに眺めるようにして立ちつくし，しばしば，後込みしたり，耳を手で覆ったりしていました。ある女生徒がルーク

前頁*20 地域行動支援チーム（local behavioural support team）：通常，地方保健当局が設置しているもので，臨床心理学者，ソーシャルワーカー，看護婦からなる。メンバーひとりが家庭を訪問してこどもの重篤な問題行動がみられる場を観察し，親に対してアドバイスをしたり，こどものためのプログラムを設定し，スーパーバイズする役割をもつ。

のことを忘れてゲームをしているときに彼の方に突進してくると，ルークは女の子の頭に向かって自分を'守る'ために先制パンチを食らわしたのです。この場合の動機付けは，欲求不満というよりも恐れや防衛だと思われましたが，その行為はルークの意識的コントロールを同じように取り去ってしまっているようでした。そこで選択されたアプローチは，ルークが運動場で過ごさなければならない時間を減らし，ガヤガヤとした騒音や混乱から彼を守ってくれる小グループの仲間と単純なゲームをして遊ぶことを教えてあげるというものでした。合間には教室でのプログラムによって，ルークは意図的な行動と偶発的な行動の違いについて学習することができました。しかしながら彼にとってこれは把握するのがとても難しい概念でした。

　最後に，指導の際に起こっている出来事が分析されました。ルークは算数の問題の特定のワークシートをおこなったら，自分が作りたいと思っているレゴブロックのところに戻ってもよいと言われていました。しかし，彼はワークシートをとても早く終わらせてしまうので，教師は彼にもう一つのワークシートをやるようにと渡しました（おそらく彼女は自分が言ったことを忘れてしまっていたか，ルークにとってそれがどれほど重要かをわかっていなかったのだと思われます）。彼は彼女にかみつきました。ルークの側から言えば，これは明らかに受け入れられる反応ではありませんが，わかってはあげられるものです。教師には同意されたルールや契約を保ち続けることの大切さが強調されました。そして，ルークにも，暴力に訴えるのではなく，相手が決まりを破ったと思ったときにどのように訴えればよいかについて直接指導がおこなわれたのです。このためにはロールプレイや現実状況でのたくさんの促しが必要でしたが，彼はこの方法を少しずつ用いるようになったのです。

　全体的には，異なる状況で用いられた諸方法がルークの'攻撃的

な'行動を減らすことに有効でした。この断片的なアプローチはルークが新しい状況でまったく暴力に訴えないでいられるようにしたわけではありません。しかし，このやり方は，ふつう，原因やその機能に関わらず一つの包括的な方法をすべての出来事に対して用いるよりも有効です。何よりもまず，第二の機能が出現する前に，それぞれの機能を処理しておくことが重要です。ある生徒が，たとえば，欲求不満でかみつくといったかたちで，なにかを一つの理由でおこなうことがとてもしばしばあります。しかし，やがて違う機能のために同じ行為を用い始めます。（たとえば，退屈しのぎのためや，咬めば次にどうなるかが予測できるので，その後に起こることを予測するために咬むといったものです）。いったんそのようなことが起こってしまうと，生徒の行動をコントロールすることがとても難しくなってしまうのです。

6

親や養育者とともに

親*は教職員に何を提供しなければならないか？

まず最初に，親は自分自身のこどもについて詳細な卓越した知識をもっています。それらのほとんどが学校で働く人にとってとりわけ役立つものとなりえます。自閉症はそれがすべてではなくても，コミュニケーション，自助能力，勉強の成績，仲間や家族，あるいはおとなたちとの社会的やりとりなどのこどもの生活の多くの側面に影響を及ぼします。ASD の生徒は環境に対する見方や応答の仕方，学習やスキルの発達のさせ方も異なっています。彼らはまた，能力，パーソナリティー及び，彼らが有する自閉症がそれらに影響を与える程度という点でそれぞれ異なります。それゆえ，自閉症についての一般的知識や生徒についての特定の情報を教職員がもって

＊：この章では '親' という用語は親の役割をとっているあらゆる人を端的に表すために用いられています。

おくことが必要になります。親はこどもについての特別詳しい情報を提供できる優れた立場にあるわけです。

　生徒の親に会ったり，日常的な接触をもち続けることは重要です。これなくしては教職員も親も，家庭や学校で（しばしば生徒の行動に基づいて）何が起こっているのかについて，思いめぐらしはじめるでしょう。そしてそのような憶測や推論は往々にして不正確であったり，役立たないものであったりします。面会の時間や場所，頻度について親と相談する必要があります。親はクラスの先生やその年の校長，サポートアシスタントのような，生徒ともっとも頻繁に接触する人々と話をする機会をもたなければなりません。そして，こういった人々は授業時間帯に面会がおこなえるように，教育の時間を自由に割くことができるようにする必要があります。

提案：最小限以下の質問を親にすること

●あなたのお子さんはどんな活動を楽しみますか？
●あなたのお子さんは何が嫌いだったり，混乱するように思われますか？。
●お子さんは家庭であなたとどんなふうにコミュニケーションしますか？。
●あなたがしてほしいことをこどもさんに理解させるためのもっとも良い方法は何ですか？。
●お子さんが混乱しているときになだめるためにはどんな方法がもっとも良いですか？。
●あなたがこどもさんに何かをしてほしいときにはどんな誘いかけをしてきましたか？。

　さらに，親たちは自閉症やアスペルガー症候群について多くのも

のを読んでいるので，教職員に提供できるたくさんの情報をもっています。親たちはビデオ教材やパンフレットをもっているので，それを一緒に見ることができればとても良いでしょう。

提案：親たちに，あなたに対して見せることができるような自閉症やアスペルガー症候群に関する情報をもっているかどうかを尋ねること。

親はどのように感じるか

　私たちもそれぞれが明らかに違う反応をするように，親が実際どのように感じているかを知ることは難しいでしょう。ASD のこどもの親の感情は，学校で過去，どんな体験をしたかや他の専門家との関係性，そのときに親たちがもっている要望やこれらを取り扱うための資源，親たちや他の人々がどの程度こどもの行動を不安に思ったり，問題と思ったりするかによって異なるでしょう。親たちが感じがちな情動には，自分のこどもが成功したり，こどものために自分たちがおこなった何かによって達成感を感じたときに感じる愛情，幸福，誇り，満足感といったポジティブな情動に加えて，失敗，怒り，悲しみ，喪失，罪，欲求不満，孤独，不適切，困惑及び絶望感といったものがあるでしょう。こどもの教育に関してもつ感情や不安は，ASD の生徒の親たちにおいては高まるようです。

　ASD のこどもたちの親はたいてい，自分のこどもにとって，どの学校でどのアプローチをとることがもっともよいかを考えることに多くの時間を費やしますし，こどもの教育がおこなわれる間ずっとこのことについて考え続けるようです。親たちには学校の措置がうまくいっていることについて安心してもらう必要があるし，教職員からのフィードバックがそうではないことを指摘したものである

と不安になるでしょう。親たちのそのときの状況や過去の体験に関する感情について，教職員は心の中にとどめておく必要があります。教職員が親たちにどのように対応するか，そしてその逆も同様に，相互作用がどのように進展していくかを決定するでしょう。共感的であり，'生徒の立場になってみること'が重要であることを私たちが強調したように'親の立場に立ってみること'もやはり重要なのです。

提案：有効な三つの質問

三つの質問

（'X'は教室の活動／問題行動／家庭-学校間のコンタクト／宿題を示す）

- 親はどんな風にXを見ているか？
- 私たちは親にXを理解してもらうために何ができるか／何をしてきたか？
- 親は，自分たちのXを見る視点を示す機会（手段）をもっているか？

'友達の輪'と親グループ

前の章で，友達の輪の活動について述べました。親たちはしばしば，自分のこどもが家族以外のこどもたちとほとんど，あるいはまったく接触をもとうとしないことを報告します。そして友達や家族との接触それ自体もかなり制限されていることを報告します。そういった生徒のために，友達の輪を作ることによって，みなさんは両親支援ネットワークをも作ることができるでしょう。親が他の親たちと会うことに価値を感じているかどうか，そしてその親たちに紹

介するようなグループがあるかどうかを考えることが重要です（たとえば地域の自閉症協会；親―教師グループ，近隣学校で作られた親グループ）。親たちの中には個別に他の家族に会いたがる人がいるかもしれません。そのことは親たちに他の ASD のこどもたちの親に会ってみたいかどうか，あるいはそのような接触を求め，広げようとしたがっているかどうかを尋ねてみればわかるでしょう。

家族の他のメンバーのニーズ

最近，あるいは将来的に，学校とコンタクトをとるであろう他の家族のメンバーもいるでしょう。生徒が学校に通う兄弟姉妹をもつかもしれませんし，学校に迎えに行ったり，面談に参加する祖父母や親戚がいるかもしれません。自閉症の生徒の兄弟姉妹がどれほど関与しているかを親がどう見ているかについての情報を得ておくことが重要です。親たちには，そういった他のこどもたちが援助的な役割をとることを快く思っていて，それを措置上の利点とみなしている人がいます。また，ある親たちは兄弟や姉妹に対して学校内では責任をとらせないことが大切だと感じている人もいます。こどもの人生に重要な役割を担う他のおとなたちが，自分なりの視点を提供できる機会を保証してあげることが重要です。彼らは面談に招かれる必要があるし，学校との連絡帳に書いたり，参観日に出席できなければなりません。生徒の親にはそのような役割をとってくれる他のおとながいるかどうか，あるいは，そういったおとなたちが学校内で何らかのかたちで関与してくれるかどうかを尋ねる必要があるのです。

親とともに

親からの申し出に応える

　親たちは何らかのかたちで自発的に協力しようとするでしょう。たとえば教室で自分のこどもや他のこどもを援助しようとするでしょう。また，学校の他の部署で働いてくれることもあるだろうし，自閉症について教職員に話をしてくれたりするでしょう。教職員はどのようにしてそのような要望に応えるかについて考える必要があります（とりわけ学校内でのそれらの生徒や他のこどもたちに対する意義を考えなければなりません）。理想的には，親をどのように取り入れていくかという学校の方針があって，これが議論を導いてくれることが望ましいでしょう。

親からの要望に応える

　自閉症に対するアプローチには多くのものがありますので，親は教職員に対して学校で特定のアプローチをとってくれるように望むかもしれません。いくつかのアプローチやそれらの要素は統合教育の学校の実践にうまくフィットするかもしれませんが，教職員の配置や必要な資源という理由で論理的に困難なものや，それまでと非常に異なるかたちで教職員が働かなければならないもの，あるいは学校の哲学や理念に反するアプローチもあるかもしれません。当初の反応や個人的な観点に関わらず，要望や提案に注意深く耳を傾けることが重要ですし，学校内で，あるアプローチを取り入れることが，その生徒や他のこどもたちにとってどういった意味をもつのかについて議論することが大切です。

親を取りこみ親に伝える

　生徒が進級し，クラスが変わっていったとしても，それぞれの担任教師は，変わることなく同じようにいろいろな機会を親に提供しなければなりません。そして，このことが，どのように親に関わってもらい，伝えていくのかということについての学校全体の方針の枠組みの中でおこなわれることが大切です。家庭と学校の関係という点で，すべての親が同じように価値づけるわけではありません。学校での活動に積極的に関わりたいと思う親もいますし，自分のこどもの進歩について伝えてもらいたいと願うものの，学校で教職員や生徒と直接関わることはできなかったり，あるいは望まない親もいます。学校の教職員が親と一緒に働くことができる特に役立つ領域であり，影響をもつのは，コミュニケーションをどのように育てるのか，どのように生徒のための社会的集団を作るのか，どのような行動調整方法を用いるのか，何を優先させるべきで，将来どのような措置をとるべきかについての考えを分かち合うときでしょう。

家庭と学校の連絡帳

　多くの学校では親と教職員の両者が生徒用の連絡帳を用いて，お互いに興味のもてる，価値ある情報を提供しようとしています。これには連絡事項，生徒の作品を抜粋したものや写真，そして授業中や放課後，週末に生徒がおこなったことについての要約などが含まれています。連絡帳の中には教職員と親から十分な程度詳しく，肯定的なトーンで内容が書かれていることが大切です。たとえ問題行動が起こったということが報告されていたとしてもです。たとえば，'ベンはとても悪い一日を過ごしました'と単に書くよりも，一日のどの部分が難しかったのかの情報を提供し，一日が'悪い'と書かれた実例を伝えるのです。教職員は，'そこで私たちは次回はXをおこなうように決めました'というように続けたり，親たちがど

んなことが役立つと感じるかについての視点を尋ねることによって何か肯定的なことを引き出すこともできるでしょう。

生徒がどんな一日を過ごしているかを親に見せる

　ASD の生徒の親の多くは自分のこどもが一日をどのように過ごしているかということを知りたがります。生徒はしばしば，このことを自分から話すことができなかったり，話したがらなかったりします。健常児の親たちはよく自分のこどもが学校について多くを語らないと不平を言いますが，少なくともたいていの親たちは通常の学校で何が起こっているかについての自分なりの考えをもっています。しかし生徒が異なるニーズをもっている場合，何が起こっているのかについてあまり知りようがありません。どうしたらこれをかなえられるでしょうか。どのようにして生徒はいろいろな時間や活動を一日のうちにこなしているのでしょうか。いくつかの事例では，親に学校内で直接生徒を観察してもらうことも可能ですが，このことはその生徒だけでなく他のこどもたちに影響を及ぼしかねません。そこで違う方法が用いられる必要がでてきます。いくつかの学校ではいろんな場面で生徒のビデオを撮り，これを親との面談において用いています。親たちにこどもが学校でどのように勉強し，遊んでいるのかを見てみたいかどうかを尋ね，これをどのようにアレンジするかについて相談する必要があります。

宿　題

　教職員から課せられた家庭でやらねばならない勉強は，その生徒や親にとっての難しさを引き起こしかねません。生徒は学校を勉強する場所とみなしているので，勉強することに乗り気でなく，書いたり，課題を理解したりことに失敗するかもしれません。また，完全にすませるために何時間もかかるかもしれません。ASD の生徒

はしばしば，理解したり意味を抽出したりすることなしに，文章を読んでしまうことがあります。ところが，そのことによって，教職員が彼らの能力を過大評価し，あまりに要求水準の高い課題を設定してしまったりすることがあります。さらに，ASDの生徒の中には，必要な現実的知識をもつことはできますが，特定の促しを受けることなしにはこれを思い出すことができないこどもがいます。あるいは自分が知っていることを紙に書きとどめることをしたがらないこどもがいるかもしれません。ASDに加えて，文字を用いた勉強を非常に難しくするディスプラクシア*21や特異的な学習困難を抱えるこどももいるかもしれません。繰り返しになりますが，生徒がある話題について容易に話す能力をもっているのに，筆記による勉強をいまひとつうまくやれないことに気が付いたとき，教職員は，怠慢と思ってしまうかもしれません。このことは親のストレスを引き起こしますし，生徒が宿題を行う際の問題にもつながっていきます。宿題をうまくおこなわせるためにはどうしたらよいかについての議論は，ワープロや聞き取りのような，それを提示するための代替手段についてであったり，学校で勉強を終わらせてしまったらどうかといったことになるでしょう。これらのことは，その生徒だけでなく他のこどもたちに対しても，過剰なプレッシャーを与えないようにするためにきわめて重要なのです。

生徒の評価

ASDの生徒の大多数は評価・指導指針*22の評価段階2から5と同定されるでしょう（DFE, 1994）。そういうものとして彼らの個別教育計画（IEP）*23をおこなわなければなりませんし，それは通常の教育において，親とともに評価されなければなりません。計画

---

*21 ディスクプラクシア（dyspraxia）：自動的な行動には問題をもたないが，意識的にプランした運動を実行することができない症状を示す。

には親が寄与できるスペースを残しておく必要があります。そして目標となる領域を提案する際，親を呼んで，それに同意してもらわなければならないし，親が望むのなら，これについての作業を進めるときに参加してもらわなければなりません。生徒が評価に寄与できるとみなされた場合には，その生徒にふさわしいかたちでこれがアレンジされる必要があります。個別教育計画の目的は自己と他者の理解の発達，自立の指導，コミュニケーションスキルの発達などを含んでいなければなりません。生徒ができないことにあまりに焦点をあてすぎると，その結果としてある課題に関しておこなわれたほとんどの指導や，それに費やされた時間はただ生徒が難しいと思うだけに終わってしまいます。したがって，価値のある，生徒にとって興味深く，楽しめるような目標に向けて勉強を進めていくことができるようにするには，教職員はどうしたらよいかに焦点をあてる必要があります。

中学校の生徒にとっては，特定の目標が言及されたかたちで教科を定めていくとよいでしょう。個別教育計画の評価の場は，教職員と親が生徒の進歩や能力の高い領域について議論するためのきわめて有効な機会を提供します。さらに親と教職員がその生徒のために

前頁*22 評価・指導指針（Code of Practice）：イングランドとウェールズで用いられている法的手続きで，統合教育学校は，特別な教育的ニーズを抱えるこどもに提供しているさまざまな支援内容について明示する必要があると同時に，支援をおこなうためには特別な教育的ニーズコーディネーター，地方教育当局などあらゆる資源を活用することができる。これには，5つの段階があって，段階1から5と進むにつれて，こどもに提供されなければならないサポートの種類と程度が高くなる。たとえば，段階1では基本的に学級担任が生徒の教育的ニーズに合わせて指導できるが，段階5になると生徒の教育的ニーズについての公式な判定書が必要となる。

前頁*23 個別教育計画（原文では Individual Education Plan, 米国では Individualized Education Program と呼ばれる）：個々の生徒に対する長期的・短期的指導目標を生徒の能力や障害の水準に合わせて設定し，それに基づいた指導の形態，期間，経過などの詳細な情報が文書として明記されなければならない。

なることがらやその領域を明確化するために役立ちます。理想的には個別教育計画の評価の前に，親には生徒がどれほど進歩したかについての報告書を送る必要があるし，その生徒についての親なりの視点や，親として学校でやってほしい領域について考慮するために招かれなければなりません。評価ミーティングの後には，親たちには個別教育計画のコピーを渡さなければなりません。親たちの中にはミーティングに先立って自分たちの観点を個別教育計画の中に記入したがる人がいるかもしれません。そうすることによって参加者として，評価の前にこれらの考えを提起することができるからです。

学校の他の親たち

より複雑な，特別な教育的ニーズを抱える生徒を統合していくということに注意がだんだんと向けられるようになった一方で，教職員や親たちは，そういった方針が他の生徒たちの教育や福利に及ぼす潜在的な悪影響やよい結果とは何かについて心配し始めたために，そういった心配にも言及する必要性が出てきました。同じ学校の他の生徒の親たちの見方は，統合という措置がうまくいくかどうかに影響を及ぼします。また，それらの親たちにどのように情報を伝え，問題が起こったときにどのように知らせるのかについて考えることも重要です。自分のこどもが同じように特別な教育的ニーズを持っている親たちが学校の中にいるはずですから，これらの親たちと健常な生徒の親たちのための一つのグループを作ることが役立つでしょう。そこで統合教育の問題について議論し，多くの教職員や親グループに対してもフィードバックすることができるのです。親たちが使うためにつくられた部屋が学校内にないような場合にさえ，親たちのために定期的に割り振られた空間をもっておくということは親の活動を促しますし，親たちが学校に歓迎されていることを示すのにもよいでしょう。

家庭と学校での生徒の行動

　学校や家庭での生活が生徒にとってうまくいっているときには，親や教職員はお互いに肯定的な報告を受けますし，親-教職員の関係はうまくいくでしょう。しかしながら，教職員も親たちも，こどもの行動や成績が家庭において，あるいは学校において問題であると感じた場合には，そのための時間をもつ必要があります。そんな時には，教職員-親の関係はより難しいものとなるでしょう。たとえば，一方が一方に対して生徒になにかをしたとかしないとかという責め立てが起こりえます。このような状況では，問題の特徴，及び，そういった問題に関係していると思われる家庭や学校での要因についての情報を集めることが重要です。適切な調査やあらゆる点から，事実についての情報をはっきりさせることなしに近道をして何が原因かを推測することは簡単でしょう。推測することはあまり有効ではなく，むしろ非難とか効果的ではない解決法を生み出してしまうのです。こういったことは，学校でのこどもの行動が家庭とは非常に異なるように思われるときに起こりえます。生徒が教職員に対しては主だった行動上の問題をあまりみせることはなく，学校では要求も少なくて，とてもよく行動したとします。しかし，彼らは家に帰ると兄弟や姉妹，両親に対して問題行動をおこなう場合があります。それはあたかも学校で体験したすべての不安や困難を抱えこんで，それらを家に戻ると発散しているかのように思われます。

　いくらかのこどもたちにとっては逆のシナリオがありえます。とりわけこどもが学校に初めて行き始めたときがそうです。そういったこどもは家庭では比較的容易に取り扱うことができたかもしれません。それはおそらく環境がはっきりと一貫していて，慣れ親しんでおり，社交的でなければならなかったり，おもしろくないような

課題に関わらなければならない必要もほとんどなかったからでしょう。彼らは，学校というところは，いろんな人が自分には理解できないようなやり方でしばしば関わってくる，うるさくてごちゃごちゃした社会的な環境であると感じています。さらに彼らは自分にとってほとんど興味もわかず，意味もないような課題に取り組まされるわけです。そういった場での彼らの反応は，その活動を妨げたり，逃げたり，何もしないようにするということになるわけです。こういったすべてのことが指導する教職員にとって問題となってくるのです。親も教職員も，同じこどもについて非常に異なる説明を聞かされたとき，それをにわかには信じがたくなったり，相手を容易に責め立てたりするようになってしまいます。家庭と学校での非常に異なる行動は，ASDのいくらかのこどもたちにみられる現象であるということを認識しておくことが重要です（それは他のこどもたちにおいてもありうることです）。

　一般的には，教室間，おとな間，親と教職員の間でアプローチが一貫しておく必要があります。著者によってはASDのこどもに対しては24時間のカリキュラムが必要だと言うことさえ書いています（Jordan and Powell, 1995b）。本質的には，このことは，学校の時間帯に何が起こっているかを考えることがただ重要であるわけではなく，生徒の目覚めているすべての時間について考えることが大切であることを意味しています。たとえば，親と教職員が指導方法を共有することができ，コミュニケーションと行動マネージメントのために同じアプローチを採用したとすると，これはこどもの関心の対象となりえます。教職員も親も共有できる有効な方法をもっていると感じることができるでしょうし，それぞれ，家庭や学校で相手が用いている方法を試してみたいと思うでしょう。一方，相手が自分の考え方を取り上げず，提案した方法を用いなかったら，その人たちはがっかりするでしょう。しかしながら，すべての親たちが

たとえ時間に余裕があったとしても，教職員が用いている方法を採用したいと思うわけではないということを認識しておくことが重要です。それゆえ，家庭でこどもと宿題をするときに特定のコミュニケーションシステムを用いたらどうかという教職員からの提案は，取り上げられないかもしれません。同じように，もし教職員がなにか他にしなければならない大切なことがあったとすれば，親がもっている考えを実行することは難しいかもしれません。したがって，家庭と学校で方法を共有することについてのいかなる議論も実践上の諸問題および個人的な感情の両方について議論するものでなければならないのです。

効果的な教職員-親のパートナーシップの事例

　教職員が ASD のこどもたちをはじめとする特別な教育的ニーズを抱えるこどもの親ととてもうまい方法を作りあげてきたいくつかの統合教育の学校があります。一方で，他の生徒たちとは違って，教職員がオーガナイズし，そばについて勉強してあげなければならないような工夫を必要とするこどもたちを指導した経験がない統合教育の学校もあります。そこでは，そういったこどもの親がどのように感じるかということや，親がおこなうであろう要求について真剣に検討する必要がありませんでした。また，どのようにしてこれを実践したらいいのかということについてのアドバイスも援助も，訪問専門職からほとんど受けていませんでした。悲しいことにこういったケースでは教職員と親の関係は悪化してしまい，こどもはその結果として転校せざるをえないという結果になります。このことが，ある家族の，二つの統合教育の学校での経験についての以下の事例からわかるでしょう。

　事例：ビリーはアスペルガー症候群で，能力の高い 7 歳の男の子

ですが，他者とコミュニケーションできるだけの発話はできていました。彼は両親から不器用なこどもと説明されていました。というのは彼は自分自身をコントロールすることが困難で，絵を描いたり字を書いたりする活動が難しかったからです。ビリーは保育園の時に地方教育当局（LEA）[*24]によって正式な評価を受けていました。そして，5歳になったら20時間の支援を受けながら統合教育の学校に通うべきであると勧められました。彼の両親は地域の統合教育の学校を訪問し，彼を快く受け入れてくれそうな学校を選びました。ビリーと良い関係を作ってくれるサポートアシスタントが約束されました。

　しかしながら，ビリーの初めての評価のときに母親はそこでおこなわれたいくつかのコメントを聞いて心配になりました。教職員は，ビリーが彼のグループにいる他の5歳児と同じように行動できることを期待していたように思われました。職員が設定した一つの目標は'ビリーは，よい子とお友達になりましょう'ということでした。彼の母親は教職員が自閉性スペクトラム障害についてほとんど何も知らないと感じ，そのために彼らがこのような期待をしても責められないのだと思いました。それゆえ，彼女はできるだけ多くの情報を教職員に提供しました。彼女はこどもの個別教育計画のコピーをもらうことができず，後にこれを求めました。彼女は何度も尋ねなければなりませんでした。彼女がより強く要求するようになったとき校長が「なぜあなたがそんなに個別教育計画について心配されるのかわかりません。それはただの紙切れですよ」と言ったのです。彼の母親は，さらにビリーの進歩について話し合うために特別な教育的ニーズコーディネーターとの面接の時間をもってくれるように求めましたが，特別な教育的ニーズコーディネーターはフルタイム

[*24] 地方教育当局（Local Educational Authority）：地域に在住するすべての児童にふさわしい教育をおこなう責任をもつ行政局。

の指導時間割をもっているということで，これもアレンジされませんでした。

　ビリーの母親はビリーが健常児と一緒にいることによって利益を得るだろうと確信していました。また，学校を変わればそれが彼を不安にするかもしれないので，転校させたいとは思っていませんでした。そして，学校と協力してがんばっていこうと準備し続けていました。しかしながら，ほとんど2学期が終わった頃の日曜の夕方，「学校に行きたくない」と言いながらビリーが泣き始めたときについに彼女は行動を起こすことを決意しました。彼女は他の統合教育の学校を探すことにしましたが，最初の学校で正しい選択をしていたと思っていたのに失敗したため，学校選びに自信を失っていました。彼女は，またふさわしくない学校を選んでしまったときに起こるビリーへの影響を怖れていました。しかしながら，彼女は自分が探し求めなければならないものはなにかという考えを今やたくさんもっていました。すなわち彼女と喜んで面会してくれ，個別教育計画を共有しようとする教職員の乗り気，ビリーのニーズに合わせて，ことを変えてくれるという証拠でした。

　彼女は二つの統合教育の学校を訪問するようアレンジし，その二つの学校のどちらを選択するか非常に急いで決めました。教職員は，はじめからとても快く彼女を迎え入れ，自分たちが年長のASDの男の子を指導した経験をもっていると話してくれました。彼らは統合教育についてとてもポジティブであり，問題行動によってそう簡単には混乱しないと言ってくれました。校長はサポートアシスタントと契約をするための面接に，ビリーの母親を招くとも言ってくれました（彼女が主たる決定権をもつわけではありませんでしたが）。しかし，彼女の観点が重要であることを認めてくれていました。教職員は他のASDの生徒の作品を彼女に見せましたが，そこにはどのように課題が完成されたか，どんな手助けが必要だったかについ

ての教職員の詳しいメモが残されていました。さらに遊び時間には，すべてのこどもたちにいっしょに遊ぶ，うまい遊び方を教えるというのが彼らの方針であり，ビリーもこの一員であると彼らは言ってくれたのでした。

　ビリーは今や一年間その学校に通っており，はじめに訪問したときの約束や申し出はすべて実行されてきています。ビリーの母親はアシスタントの面接に参加することができました。また，アシスタントは資金を得て，ASDに関する2学期間のコースに参加しました。そして彼女はビリーととても良い関係を築きました。ビリーは新しい学校が大好きで，すごく楽しいと両親に話しました。両親は教職員が自分たちの要求にポジティブに応え，ビリーに関するあらゆる問題を解決する自信と能力をもっていると感じています。

　両方の学校ともに同じ地方教育当局の管轄でしたが，その態度と実践はとても異なっており，こどもとその家族にとって深刻な結果をもたらしました。この章で示したいくつかの考えや提案を参考にしていただければ，統合教育の学校を他のこどもたちやその家族にとって，心配な場所ではなく，安心してこどもを預けられる場所にすることができるでしょう。

7

協力する──学校全体での実践

自閉性スペクトラム障害の生徒の学校生活に関わる人々

　学校は複雑な組織です。したがって，生徒が出会う多くのおとなたちが，どうしたらこどもに一貫した環境を提供できるかを考えることが大切です。そうした環境は，生徒のもつ特別なニーズを反映していると同時に，彼らに幸福をもたらすものでなければなりません。表7-1は教室，学校，それを越えた範囲で ASD の生徒の人生に影響を及ぼす多くの人々を示しています。

　これらのグループのそれぞれが，異なる情報を異なる量だけ必要とします。また，実際そういった情報を得ていくでしょう。すると，そういった情報をなにが決定するのか，なぜ，誰が決定するのかを，誰がわかっておく必要があるのかという疑問もわいてきます。明らかに親，クラスの教師，生徒はその主だった人々といえるでしょう。

表 7-1 ASD の生徒と関わる人々

生徒のクラスの中	生徒
	生徒の家族
	クラスの担任/教科担任
	サポートアシスタント
	クラスメート
学校の中	校長
	特別な教育的ニーズコーディネーター
	他の教師
	他の生徒
	他の教室の教職員
	他の親
	昼食時間のスーパーバイザー
	事務職員
	管理人
	運転手と介助者
訪問者	訪問専門職員
	他の訪問者
	ボランティア
	学校理事会

教師は少なくとも,他の人々が最小限,その生徒についてのどのような情報を知る必要があるかを考えなければなりません。
以下の説明が役立つでしょう:

● 生徒がコミュニケーションにおいて困難をもつということ,たとえ発話や言語がかなり優れているように思われたとしても,そのこどもは,人に言われたことが理解できないかもしれないということ。
● 他の生徒が自閉性スペクトラム障害の生徒に理解してもらうためにはどうすればよいかということ。
● その生徒が個人的に侮辱したようなことを言ったりしたりするかもしれないが,それは通常の抑制がきかないで,周りの人に対する影響を考慮することなしに見たり感じたりしたことを言ってしまう

●その生徒の不安を引き起こさないような関わり方
●その生徒が不適切に行動したときの対応の仕方

教職員間での共通理解

　学校の教職員間に良いコミュニケーションシステムがつくられていることは，ASDの生徒のためだけではなく，すべての生徒のために大切なことです。ASDの生徒は他のこどもたちよりも学校のコミュニケーションシステムに影響を受けやすいようです。職員間のコミュニケーションができていないと，教職員だけでなく，生徒たちも一貫しない，また，不適切な関わりをしてしまいます。教職員は，ASDの生徒のニーズがどのようなものであるか，あるいは，それに対して用いられる方法の理念はどういったものであるのかについて理解する必要があります。そうすることで効果的に生徒と関わり，行動をマネージすることができます。それだけでなく，他のこどもたちの勉強を損なうことなく支援することができるのです。この理解がないと，行動はいたずらとみなされ，教師の対応も'甘い'とか'不当'であるとみなされてしまうのです。教職員は協力してその生徒の学校生活のどの領域が他のこどもたちとは違ったかたちで取り扱われる必要があるのかということを考慮しなければなりません。また，ASDの生徒に優先されなければならないことは同じ年齢の他の生徒たちとは異なるのであるということを認識しておく必要があります。一人の生徒と関わり始めたら，まず，指導者の役割をとるおとなとして，何をすべきか，何をすべきでないかのリストを作っておくことが役立つでしょう。いろいろな人から得られたその生徒についての肯定的な報告も，指導をうまくいかせるために役立ちます。

生徒が ASD をもっているということを知り，自閉症についての一般的な情報を得るということは，そういった生徒がどのように世界をみなし，どのように考えたり学習したりしているのかについて教職員に考えさせてくれます。しかし，個々の生徒が，学校でどのように行動するのかについての情報は与えてくれません。それゆえ，教職員はこういった基本的知識だけではなく，学校に所属する特定の ASD の生徒のニーズに関する情報を必要とするのです。多くの役立つ情報は生徒の親から得ることができます（6章を見てください）。

最低限，生徒の学級担任や教科担任，及び（もし配置されていれば）サポートアシスタントは，ASD についての情報と，ASD が生徒にどのような影響をもたらすのかについての情報を得ておく必要があります。しかしながら，その生徒と出会う他の教職員が情報を得ておくことはこれもまた価値があることです。学校の，特別なニーズに関する施策についての文書の中には，ASD の生徒の特別なニーズに関する一節を設けておくことが役立つでしょう。さらに，教職員や親から生徒について提起された問題に関してアドバイスする必要がある学校理事会[*25]はこの情報を得ておく必要があります。

教職員のための情報は文字として書かれていた方がよいでしょう，つまり ASD についての基本的なアウトライン，個々の生徒の特徴についての情報，その生徒が何が好きで何が嫌いか，そのこどもはどのようにしてコミュニケーションするかなどです。ASD に関する現職者教育がアレンジされるならば，その生徒と接触のあるできるだけ多くの大人を招待することが有効でしょう。また，生徒と関わる際におこる特定の状況（たとえば反復的質問，挨拶，服装，不

[*25] 学校理事会（school governors）：公立学校はすべてのカリキュラムや学校の運営が効率的におこなわれているかについての責任をもつ監督局をもうけなければならない。

適切な行動など）に一貫したかたちで対応するための教職員のためのルールを作っておくことが役立つかもしれません。

生徒についてもっとも責任を担っている職員のニーズ

学校では、生徒が頻繁に接触する教職員が、その生徒について特別な責任を負う人として特定されておくことが重要です。小学校では生徒の学級担任がこれにあたるでしょう。中学校では担任やその年の校長がそれにあたります。この教師は生徒の理解を促し、生徒との関係を作り、擁護者として働きます。彼らは教職員のメンバーと、関係する他の人々との間でおこなわれる情報交換を照らし合わせたり、促したりする責任もあります。しかしながら、彼らは生徒にとってただ一人責任を持つ人とみなされてはなりません。責任と管理は共有される必要があります。さらに、職員が責任をもつだけでなく、生徒の理解力や交渉する力が発達するにつれて、こども自身にも相談し、彼ら自身、緊密に関わりながら、ものごとを決定していくようにしなければなりません。以前には、ASDのこどものためにアレンジされたことのほとんどがこども自身の意見を尋ねることなしにおこなわれていました。こどもたちとともにおこなわれるというよりも、こどもたちに向けて一方的に、ことがなされていたのです。議論のないまま、このようなかたちで導入された療育は失敗しがちですし、倫理的ではありません。

サポートアシスタントの役割

ASDの生徒は、教室やその他のどこかで働くおとなから支援を受けるように措置されていることがあります。そういった人たちは補助教員[*26]や保育士[*27]の資格をもっていることもあるし、まったく何の資格ももっていないことがあります。学校と契約しているものもいれば、地方当局から派遣されたものもいます。そこで考慮し

たり，議論したりしなければならないことは，どのようにして，また，いつ，サポートアシスタントが生徒とともに活動するのかということです。サポートアシスタントがほとんどいつもある活動のなかで生徒を支援し，教室にいる他の人々（すなわちクラスの教師や他の生徒）が知らず知らずのうちに排除されているようなシナリオをもくろむことも可能です。またサポートアシスタントが生徒のたった一人の友達となることも可能です。しかし，そうしてしまうと，生徒は，他者も発達していくのだということについての知識を得ることができなくなるし，そういったことを理解できなくなってしまいます。同じように重要なことですが，それはサポートアシスタントに非常に負担になることに思われます。ASD の生徒についての知識や理解はクラスルーム全体，あるいはそれを越えて共有されるべきであり，サポートアシスタントだけにもたらされたままではいけないのです。

生徒間での共通理解

　ASD の生徒が統合教育の学校に通うことの潜在的なメリットの一つは，その生徒が健常児と一緒に活動する機会があるということです。効果的な方針をもち，協力的でよい仲間関係を築こうと実践している学校は，ASD の生徒の措置に高い影響力をもつでしょう。たとえば，他の生徒たちがその生徒が異なるということを理解するでしょう。そして ASD の生徒に対する関わりも影響を受けてくるでしょう。他の生徒に，そういったこどものニーズについてのどの

前頁*26　補助教員（nursery nurse）：就学前児の教育に携わる教員であるが，その資格は教員免許の下位に位置づけられる。

前頁*27　保育士（child care qualification）：これも教員免許の下位に位置づけられる資格であるが，就学前児の養育や教育をおこなう。

ような情報を与えるのか，あるいはそれが生徒のクラスだけに限定されるのか，もっと広げるのかについて議論することは価値があることです。生徒の親もこの点についての見方に関して相談を受ける必要があります。友達の輪（Taylor, 1997, Whitaker *et al.*, 1998）は，学校の内外で生徒が勉強したり余暇活動を楽しんだりする際，実践的，情緒的なサポートをしてくれます（社会的理解についての第3章を見てください）。学校にいる他のこどもたちの方も，ASDの生徒が世界を異なるかたちで知覚していることを理解できるし，それに対応できるようになるという重要なメリットがあります。はじめのうちは，これらの生徒が，ASDの生徒にうまく関わるためには教職員の助けを必要とするかもしれません。しかし，時間がたてば，最小限の促しだけで，友達からの支援が自然に起こるようになってくるでしょう。

登校日の諸側面を調整する

　ASDの生徒は，しばしばよく知らない生徒や教職員と一緒にいるとき，あるいはおこなわれている活動が見知らぬものである場合に何をしたらいいのかがわからないことがあります。彼らが混乱するときはいつでも不適切なかたちで行動しがちです。そんなときはどこに座るべきか，あるいは立つべきかについてマットを用いて示してやったり，何か興味があるものをもって授業にはいることを認めてあげることが役立つかもしれません。他の教職員や生徒にはこの方法について説明する必要もあるでしょう。いったんASDの生徒がある決まり切ったパターンや特定の活動，あるいは家庭や学校での一連のルール（たとえば，寝る時間，学校への道順，教室の場所など）を学習してしまえば，これに何らかの変化が起こった場合，非常に混乱するはずです。というのは，そうなると次に何が起こるかを容易には予想できなくなるからです。それゆえ，もし慣れ親し

んだパターンや状況に変化を付けなければならない場合には，可能であれば，生徒にはあらかじめこれに対する準備をさせてあげる必要があります。しかしながら，いくつかの変化はとても不安を引き起こしてしまいますので，あまり長い間，予期しなければならない時間を作らないほうがいいかもしれません。これについては親と議論する必要があるでしょう。

あるクラスから他のクラスへ移動する

　ASDの生徒にとって特定の授業のためだけのルールを処理することは難しいので，何をするのかはっきりしているある一つの場から，他の状況へ移動することが困難なようです。学校に行く日には，そのような変化がたくさんありますし，特に中学校になると増えてしまいます。こどもに対して何が起こり，どこでそれがおこなわれるのかについて視覚的にはっきりと示してあげることが大切です。学校の違う場所に移動するための彼らなりの方法を作り上げることは多くの理由から困難かもしれません。そういった理由は何なのかをよく分析しなければならないし，工夫した方法を用意してやる必要があります。クラスメートがその生徒に，学校に行くということ，あるいは，次にどこに行かなければならないかを知らせるための地図や写真を渡したりなどの方法が考えられます。多くの生徒が同時に移動するという動きや騒音が，生徒を怖がらせたり不安を引き起こしたりするでしょう。そこで，その生徒は自分の友達の輪のグループのある特定の生徒や，何人かの生徒と一緒にちょっとだけ早く，あるいは遅く教室を離れることを認めてあげることが有効でしょう。

　教師が変わったり，教室を移動しなければならないときには，この変化のための準備をすることができるようにしてあげることが大切です。中学校では一日にこれが何回も起こります。生徒は授業が終わるたびに道具をカバンに入れる準備をする必要があるし，次に

どこに行かなければならないかを思い出さなければなりません。そんなときには視覚的な時間表が役立ちます。小学生にとっては教室の変化が通常一年に一回だけ起こります。そして新しい教室に行き，新しい担任と勉強の時間を過ごすわけです。生徒は他の生徒やサポートしてくれるおとなと一緒に移動することができます。このことは新しい教室の写真を用いることによって補うことができます。たとえば，新しい場所に座っている生徒の写真を持っておくのです。もし，ある行動や教室での過ごし方についての一般的なルールが，すべての教室に同じように適用できるのであれば，それは役立ちます。ある教室で特定の方法がその生徒にうまく用いられたならば，これらについての情報は他の教職員に引き渡されるべきですし，もし，必要かつ適切であれば，その方法は続けられるべきです。もしこれが可能でなければ，特定の教室ではどのようにルールが異なるのか，そしてそれはなぜなのかを注意深く生徒に説明する必要があるでしょう。

いろいろな人との出会い

　ASDの生徒は学校に行っている間，いろいろなおとなや生徒たちと出会うことになります。ASDの生徒は他者の思考や意図を読むことに困難を示します。そして，それゆえ，傲慢な，受け入れられない，あるいは，不適切に思われるやり方で行動してしまうかもしれません。彼ら自身の表情は，その時，現在の気持ちと対応をしていないかもしれません。そのため，混乱していたり動揺していたりしてもそのように見てもらえないかもしれません。自閉症とは何なのか，あるいは生徒の特定の能力や困難性について理解することなしには，おとなたちは生徒を行儀が悪い，怠慢で情緒的に混乱した人としてみなしてしまうかもしれません。それゆえ，その生徒に

出会う可能性のあるすべてのおとなたちは ASD 及びその生徒についてのいくつかの基本的な情報をもっておくことが必要になってきます。

さらに，以下の，鍵となる原理をおとなたちがうまく用いることによって，上手にやりとりすることができるでしょう。

● 驚かせたり，ショックを与えたりしないようなかたちで生徒に近づく
● 生徒にとって心地よい距離を保つ
● 声のトーンを静かに保つ
● 単に社会的であるというよりも，やりとりすることの目的をもつ
● 生徒が見ているか見ていないかに関わらずやりとりを保つ
● 生徒が理解できるコミュニケーションの形式を用いる
● 生徒が要求を理解したり応答したりすることができるかどうかについて評価する
● 生徒に応答する時間を与える
● 助けが必要だったり理解できないときにそれを言うように教える
● 難しい課題と彼らがおこなうことができる，より容易な課題の間にバランスを作る

教師やおとなたちの個人的なスタイルが異なるわけですから，私たちは学校内，あるいは生徒と関わるすべてのおとなが同じようにしなければならないと考えているのではありません。しかしながら，そういった人たちは生徒とどのように関わるかについて気をつけて考えなければなりません。

'ハイリスク'な時間と領域

　一つの役立つ練習は，通常の登校日，週，時間，授業，活動などのうち生徒や教職員がうまくやれているもの，あるいは心配を引き起こすようなものを特定してみるということです。それからうまくやれている時間及びうまくやれていない時間の特徴を見定め，うまくやれている時間の特徴をその日の他の時間に結びつけることができるかどうかを考えてみるわけです。また，うまくやれている活動に費やす時間を広げ，心配を引き起こすような活動に費やす時間を減らしてもよいでしょう。ただし，いつも幅広いカリキュラムをもうけるようにつとめなければなりません。

　自閉症は，その生徒の発達や機能の多くの側面に影響を及ぼしますので，教室内，とりわけ昼食の時間や休み時間に起こっていることと同様に教室の外での状況を考えることが重要です。ASDの生徒にとって，通常，自分が何をおこなうか，誰とそれをおこなうかということを'自由に選択させられる'構造化されていない時間を過ごすことは非常に難しいようです。それは見つけようとがんばっているルールがいちいち変わってしまうからです。多くのこどもがひとりで反復的な活動やおきまりパターンに時間を費やしますが，ときに他の生徒と関わろう試みても，そのようなやりとりを保つことは失敗に終わってしまいます。彼らの社会的理解をのばし，他のこどもからいじめられることから守るために，すでに述べたように友達の輪の活動の中でおとなや他の生徒たちから支援を受ける必要があるのです。道具や材料あるいは活動を休み時間に与えたり，あるいは彼らが建物の外で過ごさなければならない時間を短くしてやることが有効でしょう。

7 協力する──学校全体での実践

学校外の専門機関とのつながり

　ある地方当局の管轄区域内には，ASD の生徒が所属するその他の統合教育の学校や特殊学校，及び附属センターなどといった，他の情報源や支援源がありえるでしょう。そこには ASD の生徒に特別な関心や責任をもつ担当者や専門家がいます。統合教育の学校の中で ASD の生徒を指導する教師を支援するための訪問教師やチームをも有する地方当局の数もだんだん増えてきています。支援グループや個人，あるいは資源についての情報を提供してくれる自閉症協会もあるでしょう。これらを見つけて，それらの仕事内容，ASD の生徒や家族のための資源について尋ねることも役立つでしょう。

もっとも適切な措置かについての疑問

　教職員や生徒が長い間，難しい問題を抱え続けてしまうと，この学校にいることが生徒にとってもっとも利益があることなのかどうかという疑問がわきあがってきがちです。こどもを指導している教員や，教えてはいないけれどもそのこどもを観察している他の教職員，あるいはこどもの両親や学校の他の生徒の親から，違う学校や教育施設の必要性が提案されるかもしれません。これらの疑問は生徒の立場から議論されなければならないものです。もし，複数回の評価ミーティングが計画されていないようであれば，生徒の親，特別な教育的ニーズコーディネーター，学級担任及び情報を照らし合わせることができる関連のある教職員を集めてミーティングをさらにおこなう必要があります。ミーティングに先立って，そのこどもの行動や機能のどの側面がこれらの心配を引き起こしたのか，ど

程度これらに対する方法が効果的に工夫され，実行されてきたのかについての明確な情報を集めておく必要があります。こどもが必要としていると思われる手助けや支援はどのようなものなのか，これをどのようにして提供するか，なぜそれが統合教育の学校の中では不可能と感じられるのかについて真剣に考える必要があります。さらに他の地域の学校のどれが，こどものニーズにより合っているのか，それはなぜかについての明確な考え方が引き出されなければなりません。

どこか他のところに'完全な学校'があると考えることはあまりにも安易です。現実はそれほど簡単ではありません。ASDの生徒の中には，どこで教育されようと教師や仲間にとっての問題となるこどもがいます。多くの場合，親と学校の教職員，教育心理学者や訪問教師あるいは教育事務所[*28]といった外部機関との議論の中でこどもの現在の統合教育の学校がもっとも適切な措置であるという結論にいたります。そして，生徒の時間割や教え方を変えて，おとなのサポートを付加的に割りあてられるということになりがちです。措置の変更が必要だと感じられたときにはこどもの詳細について地方教育当局に報告する必要があるでしょう。そうすることによって，生徒のニーズについてあらゆる側面から再評価することが求められます。その結果として，最終的に他の統合教育の学校や特殊学校，あるいは附属センターなどといった他の学校に措置替えしてもらえることもありうるのです。

もう一つの選択肢として新しい'専門家'を措置することを要求するということがあります。専門家が措置されれば，訓練によって統合教育の学校の教職員の専門的知識が増加するでしょう。今や専門家の資格に至るような，ASDの生徒の教育に関する特別なコー

[*28] 教育事務所（educational officer）：地方教育当局の事務所で，当局の施策を実行する責任機関である。

スがたくさんあります。たとえば，バーミンガム大学では自閉症の生徒に関わっている教職員のための学内教育コース（パートタイムあるいはフルタイム）や通信教育コースがおこなわれています。そして入学時のスキルや学習の時間にあわせて多くの資格が認定されるのです（たとえば専修教職免許，哲学士，教育学修士）。その他の高等教育をおこなう総合大学や単科大学でも自閉性スペクトラム障害についての学内教育をおこなっています。生徒の中には統合教育の場から来た人やその他の訪問担当者もいます。その多くが特殊教育一般や，自閉症児のための特別な教育環境で働いています。サポートアシスタントのための公認コースも利用可能です。

生徒が自閉性スペクトラム障害を有しているかどうかについての疑問

　統合教育の学校や特殊学校の教職員は，こどもが自閉性スペクトラム障害を有しているように思われるけれども，こどもがまだ，そういった障害として特定されておらず，診断も受けていないようなときに，自分が何をすべきかをしばしば尋ねてきます。まずは，生徒のコミュニケーションスキル，社会的理解や行動，授業時間や休み時間におけるスキルなどに関する収集すべき情報についてのアドバイスをしてくれる特別な教育的ニーズコーディネーターに伝えるべきでしょう。その後，この情報について話し合われ，さらに調査をおこなう必要があるかどうかが決定されるでしょう。もし必要であれば，特別な教育的ニーズコーディネーターは教育心理学者や学校医とそれをおこなうはずです。いつどのようにしてこれらの問題をこどもの両親と共有するかについての決定がおこなわれなければなりません。両親は学校からの報告や自分自身の観察結果を携えて，一般開業医[*29]に連絡し，こども発達センターや精神科チームから

アドバイスを受けたり，そこに紹介してもらえます。もしASDの診断がつけば，教職員がその生徒とどのように関わっていくか，知識という点からみて彼らのどのような側面を優先させるべきかという変更がなされるでしょう。しかし，学校それ自体が変えられる必要があるわけではありません。自閉性スペクトラム障害がその重篤性，行動への影響という点で非常にさまざまであるということを心にとどめておく必要もあります。生徒の中にはASDという診断に合致したとしても，療育を必要とするような問題を学校では示さないこどももいるのです。これらのこどもたちの親は自閉症であることに焦点をあてたがりません。診断名を教職員や他の人たちと共有しようとしないのです。しかし，そういった親の気持ちも尊重してあげるべきです。

　学校は複雑なシステムです。したがって，名簿にあるすべての生徒のニーズに言及し，それに応じて働くには，教職員がどのように協力していけばよいかについて記された指針があることが重要です。評価，行動と訓練，いじめ，差別，特別な教育的ニーズ，親のパートナーシップ，記録と報告に関する効果的な学校の指針はASDの生徒にとっては特に重要なようです。学校は，とりわけ不安をかき立てる混乱した環境です。それゆえ，この混乱を最小限にし，生徒や教職員にとってのストレスを軽減するための処置がほどこされなければなりません。もし教職員が特定の生徒に対処する方法やニーズを熟知しており，仲間や親たちから支えられていると感じれば，自閉性スペクトラム障害の生徒の学校生活はよりよいものとなるでしょう。

前頁*29　一般開業医（General Practitioner）：地域でプライマリケアを行う医師で，専門的治療への橋渡しの役割をとる。

8

教師のストレスマネージメント

　現在,教師のストレスを引き起こす要因には非常に多くのものがあります。これらは OFSTED[*30]の視察,ナショナルカリキュラムの要請や評価,クラスの生徒数の増加,複雑な教育的ニーズを抱えた生徒たちの統合,成績一覧表の作成,読み書き・算数の時間や評価・指導指針(Code of Practice: DFE, 1994)のような新たな施策に対応する必要性などを含みます。それゆえ,統合教育の学校で指導するということはそれ自体,大きな難題であり,教師のストレスを引き起こしうるのです。さらに,もし,生徒が強いニーズをもっていると,それが,ふつうはみられない,問題となるようなものであれば,勉強の上でのニーズか,行動上のニーズかに関わらず,ストレスも増大してしまいがちです。

　わからないことがあると,生徒と勉強を始める前ですら教師は高

[*30] OFSTED (Office for Standards in Teaching and Education Department):イングランドとウェールズに設置されている諸学校を4年ごとに視察する責任をつ組織。

い不安を感じます。慣れない仕事を始めるということは，能力や自信をすでに高めた，慣れた課題をおこなうよりもストレスフルです。ASDとはなにかという情報や，特定の生徒に関して起こりうる'最悪の事態'についての情報をもつことができれば，この不安はかなり減少するでしょう。

教師のストレスを引き起こす要因

　教職員がASDの生徒に指導する際に問題となり，自分の能力のなさを感じさせてしまうのには多くの要因があります。

●教師に個人的に向けられたように思われることを生徒が言ったりしたりすることは，生徒が教師を嫌っていたり，教職員を徐々に傷つけようとしているような感じをもたらします。そしてそれが取って代わって，教職員を怒らせ，その生徒を嫌いにさせてしまうのです。教職員は共感の困難性が自閉症の主要な特徴であり，生徒の行動は他のこどもの同じような行動と，同じ意図をもっていることはまれであるということを自分自身肝に銘じておく必要があります。
●生徒が教師の言っていることに注意を向けていないように思われたり，教職員がしてほしいことに参加しようとしないように思われると，教職員は生徒がその活動を楽しんでおらず，クラスにいることで何も得ていないように思われて失敗感を感じてしまいます。しばしばASDの生徒は見かけよりも，そこでおこなわれていることに注意を向けていることがあります。彼らは窓の外を見ていたり，教室をぶらぶら歩き回っていたり，くるくる回ったり，なにかをいじり回したりといった自己志向的な活動をおこなっているときにでも，教室でおこなわれている主要な出来事を観察し，聞き入ることができているように思われます。教職員は生徒が実際その活動から

学習し，メリットを得ているということを明らかにしてくれる他の証拠を探す必要があります。

●彼らは，ふつうなら作業をもっともよくやらせるために役立つような誘いかけに応じようとしません。そのため，教職員は失敗感を感じてしまい，こどもをわくわくさせたり，興味をもたせたりすることができないように思ってしまいます。また，こどもが自分の勉強に無関心であるように思えてしまうのです。もっとありがちなことは，彼らが自分の勉強や成績についての人の意見に関心を示さないということです。というのは，彼らは，人が自分に対してなにかを感じていることを理解していないからです。教職員は，あまり望ましくない活動と関連している誘因を見つけることができるでしょう。それは他の生徒と同じことです。しかし，この場合，こどもにとっての報酬となっているものは，通常，用いられるものとは異なっているので，ASDの生徒ごとに特定する必要があります。

●彼らが，こどもたちがふつうするように教職員に認められたいと思っていないように見えるので，教師にとってはまったく肯定的なフィードバックとならず，それが教師が拒絶感や失敗感を感じてしまうことにつながってしまうかもしれません。

●彼らは一生懸命自分自身の予定を追求しようとし，教師や他の生徒たちの計画を拒もうとします。そして教職員はすべてのこどもたちに受け入れられる結果をもたらそうと，一生懸命交渉したり妥協したりしなければならなくなります。

●生徒たちにペアやグループで作業するように求めたり，自分が誰か他の人となった状況や，特定の状況にいることをイメージしなければならない課題をおこなわせるとなると，これまた教職員にとって難しいこととなります。そのような場合，生徒が故意に難しそうにしていたり，脱落しようとしていると信じているとすれば，教師は欲求不満を感じたり怒りを感じたりしてしまいます。

●彼らが叫び始めたり、自分自身を叩き始めたりすると、教職員や他の人たちは怖くなってしまいます。そんなとき、教職員は何をしたらよいのか、生徒が次に何をするだろうかということがまったくわからず無力感を感じてしまいます。

このように、ASDの生徒と関わるときに強い情動がわき起こりますし、これらが効果的に彼らと関わろうとする教職員の能力に深刻な影響を及ぼしえます。もし教職員が自閉症について何かを読んで生徒の立場に立つことができれば、あるいは、個人的なスタイルや教師としての能力のせいではなく彼らをそのようなかたちで行動させてしまう自閉症の環境とのやりとりの仕方の特徴を理解できれば、不全感は低下し、ストレスも減少してくるでしょう。

生徒に対する教師の行動や彼らの個人的なスタイル次第で、生徒の困難性は増長してしまうこともあります。逆に、学校で心地よく過ごせたり、諸活動にうまく参加できたり、あるいは、勉強できたりもします。どのような教師のスタイルややりとりがみんなに良い結果をもたらすのかということについて気付いておくことが大切です。その目的は、理解することが難しく、何をしたり、何を言えばよいのがわからない世界で、生徒がうまく適応していけるように助けることなのです。

ASDの生徒に指導することのよい結果

これらの点について考えてみれば、ASDの生徒のために働く教師や教職員にとって、よい結果が得られるでしょう。通常のやり方で応答することができない生徒とうまく関係をとっていくことができるということは、それ自体大きな報酬となりえます。自閉症の生徒に対する指導経験を初めてもつと、人間であるということはどういうことなのかという理解が増し、また、私たちがどれほど純粋な

目的で，友人や仲間，そして家族をしっかりと'手に入れてそれを保ち続け'ようとするのか（ときにはそうしたくないと思うこともあるのですが）についての認識が高まるでしょう。ASDの生徒は，ふつう私たちがしたいと思っても，社会的慣習や将来のことを考えると踏みとどまるようなことをはっきりと言ったりしたりしてしまいます。また，生徒の中には実際にクラス全体のためになるようなスキルや知識をもっているものがいます。そこで，私たちは次のように主張したいと思います。いったん，教職員がASDの生徒にどのように指導していけばよいかを学習すれば，すべての生徒を指導する際に役立つスキルや理解を伸ばしていけるということです。

ストレスを処理する

　自閉性スペクトラム障害についての理解が高まっているとはいえ，こどもが学校に通ってくる一日で教職員が消耗したり，混乱したり，とりわけ問題を感じたりすることが何度もあるでしょう。しかし，自分自身の情緒的・身体的な健康や幸福がおかされないように問題を処理して行くにはどうしたらよいか考えることが非常に重要です。教職員がおかれている物理的環境，教職員の心理的状態及び身体的健康について考慮する必要があります。

　教職員は欲求不満，恐れ，怒り，及び不安といった感情を処理する方法を身に付けなければなりません。働く環境はどんなものでしょうか？　それは教職員や生徒たちにとって快適で魅力的なものでしょうか。あるいはほとんど空間がなく，あまりに人が詰め込まれすぎていたり，うるさかったり，暑かったり寒かったりしていないでしょうか。変えなければいけないような，困難やストレスを引き起こすような側面がないでしょうか。どうすればこれを改善できるでしょうか。教職員は学校での日々をどんなふうに感じているので

しょうか。幸福感に寄与する要因や，教職員をふさぎこませたり，ものたりなさを感じさせる要因は特定できます。どうすれば，教職員は自分たちがよい気分でいられる時間を増やすことができるでしょうか。

ストレスのセルフマネージメント

個々の教職員が自分自身に対するプレッシャーを軽くし，自分が混乱したり，難しく感じてしまうような要因を減らしていくための方法には多くがあります。

● 人がリラックスしたり落ち着いていられる状況や時間を考える。これらの主要な特徴を特定し，学校生活にそれらをどのように取り入れていくかを考える。
● リラックスしたり，落ち着くための活動に取り組む時間を毎日，校内あるいは放課後に計画する。教職員は時間がないと感じるかもしれないが，研究によればそのような活動の後に，人はより生産的かつ効率的になるため時間を実際に浪費することはないことが示されている。運動は不安を低下させ幸福感を高める。
● 生徒たちもリラクセーションの時間でメリットを得ることができるし，日中，教職員は部屋の明かりを薄暗くし，音楽を流してオイルをたくことでリラクセーションの時間を取り入れることが可能である。こうすることで教職員も生徒も両方リラックスができるはずである。
● 休み時間や給食の時間には，教職員がリラックスできる場所で生徒から離れて時間を過ごす。

仲間の教職員からのサポート

教職員の心配や成功を共有できるという学校の気風は，教師の幸

福感につながるものと思われます。教職員はいろいろなやり方でお互いにサポートすることができます。職業上の発達という観点からみれば，教室や学校での仕事について，先輩教職員とともに一般的な問題を話し合う時間を計画し，自分の得意な領域や伸ばしていかなければならない領域を特定していくとよいでしょう。教職員がお互いの仕事や学校への貢献度について互いに肯定的にコメントする機会をもうけることが生産的でしょう。

学校の特別な教育的ニーズコーディネーターは在籍する特別な教育的ニーズを有するすべての生徒に対する責任をもっています。とりわけ評価・指導指針の手続きについてマネージし，アドバイスする責任をもちます。特別な教育的ニーズコーディネーターは特定の生徒の問題について議論し，助言するだけでなく，さらにアドバイスを求めるために学校の内外から教職員を招くことができます。サポートアシスタントが雇われている場合には特別な教育的ニーズコーディネーターは，共通の問題について話し合うために，すべてのアシスタントや学級担任を召集することもあります。

サポートアシスタントのためのサポート

サポートアシスタント自身が仕事上の満足感をどれほど感じられるか，あるいは生徒とどれほどうまく関わることができるかは，担任教師とどれほど良い関係を作っているのにかかっています。サポートアシスタントは，生徒に対して非常に大きな責任感を感じていますし，たった一人の生徒を支えるために長い時間を費やすことが情緒的に消耗させ，職業的な限界を感じさせることがあるとしばしば訴えます。それゆえ，アシスタントの仕事を変えてあげる方法を考えることも重要です。生徒が10時間以上のサポートを受けるように措置されているとしたら，大人2人以上がそのために提供されるようにして欲しいものです。うまいかたちで教師とサポートアシス

タントがパートナーシップを結べば，両者それぞれに対する要請は緩和されるだろうし，ストレスも減少するでしょう。そこで両者がどのようにすれば，また，いつ，生徒にうまく関わっていくことができるかについて話し合う時間を教室の外でもつ必要があるでしょう。特別な教育的ニーズコーディネーターといっしょに定期的なミーティングがもたれる必要がありますし，そこで，サポートアシスタントと他の教職員がどんな問題についてでも考えを交換し，議論する必要があります。

ストレスフルな出来事を処理する

　上で述べた三つの方法は計画されたミーティングや話し合いと関係があることです。また深刻な出来事が起こったり，起こりつつあるときにそれを調整する方法も必要です。教職員が生徒のことや問題行動を引き起こしそうな状況を理解すればするほど，より深刻な出来事を先取りできるようになってくるでしょう。それゆえ問題行動が起こるのを防ぐための方法について話し合うことは非常に重要です。そのことによって，教職員は自信を高め，こどもの特定の破壊的な行動が起こる機会を減少させるようです。しかし，もし，ある生徒が非常に不安になって自分の周りにいる人を混乱させているとすれば，あるいはまたその生徒が落ち着くことができないでいるとすれば，それまでに議論し，あらかじめリハーサルしてきた計画が必要になるでしょう。もし，サポートアシスタントがいなければ，クラスのある生徒に仲間を助けてやってくれるように頼むことができるでしょう（誰が指名されるかはわかりませんが）。もし生徒が，ある教職員や生徒を何らかの行為によって傷つけているとすれば，教職員はけがをしてしまう危険性を減らし，その生徒を鎮めるように働きかけなければなりません。もし，ある教職員がすでに傷つけられたとすれば，その事件が引き続いている間やその直後には，そ

の人自身が生徒をサポートしたり,マネージしたりすることはできる限り避けた方がいいでしょう。

教職員に要求をしない自閉性スペクトラム障害の生徒

　もし,ある生徒が一連の課題をお勉強としてうまくやることができ,現実的な行動上の問題も示さなければ,ASDの生徒と関わっていくことは,教職員にとって調整しなければならない主要な問題とはならないかもしれません。彼らは,実際,クラスにいる他の生徒たちよりもあまり要求をしないかもしれません。その生徒はクラスにひとり座っていて,非常に上手に課題をやってしまうかもしれません。しかしながら彼らが次の教育の段階や最終的な職業といった生活に必要なスキルを発達させているのかどうかを考える必要があるでしょう。彼らには他者といっしょに働くというスキルを身につける方法を教えなければなりません。彼らをさまざまな状況で観察し,非常に社会的であり,ごちゃごちゃした環境で作業する際,どんなことが難しいのかという観点から,彼らと学校での諸問題について話し合うことが重要です。うまく機能していなかったり,まさに生徒にとっての困難を引き起こしている勉強や余暇の領域を甘く見たり,見過ごしたりする事は簡単なのです。

　6章で述べたように,ASDの生徒の中には学校で体験したあらゆる不安や困難を抑え込み,'模範生徒'と呼ばれてしまうこどもがいるかもしれません。しかし,彼らは家に帰り着くと兄弟や姉妹あるいは親に対して問題行動をとってしまうのです。これはしばしば学校にいる間に彼らが感じたストレスに対するリアクションであったり,その発散であったりします。この可能性について親と話し合うことは有用であり,生徒が学校から家に帰った後に,親が使っ

てみることができる方法を探すことも可能です（たとえば，体操のようなこどもが従うべき明確なパターンを作り上げることなどです）。

まとめ

　この本を通してASDの生徒がどのように世界を体験しているのかということや，そのことが統合教育の学校の教職員にとってどういう意味をもつのかを理解しなければならないことを強調してきました。生徒の行動を欠陥とみなすより，差異としてとらえることが生徒にとってはより有用であり，生徒を尊重したものであることを示してきました。こどものより高い能力や関心を探して，これらを伸ばしていくことは，生徒がより難しかったりストレスフルだと思う領域にあまりに焦点を置くことよりも効果的であるように思われます。自閉性スペクトラム障害の診断名は，教職員に，理解しなければならない領域に目を向けさせる道標としてみなされなければなりません。しかし，それだけでなく，個々のこどもについての知識も重要です。

　ASDの生徒の教育措置はこどもの特徴について取り扱うだけでなく，地方教育当局や政府の施策，地域の学校の態度や資源をも取り扱わなければなりません。学校の教職員の態度や柔軟性が，いか

に措置がうまくいくかに関する主要な要因となります。理想的には，こどもが措置される前に教職員には，ASD のこどもを指導するための情報やアドバイスを与えるべきです。しかしながら現実にはこれがおこなわれることはまれで，それは個々のこどもが自分の地域の統合教育の学校に入学するケースだけではなく，ASD のこどものために新しい附属センターや学校が特別に開かれる場合においてさえそうです。多くの教職員がこどもを指導する際にどうすればもっともよく彼らを'課題に取り組ませる'ことができるかを学ばなければならないし，できるならば学校外の資源からアドバイスを得る必要があります。

　こどもに課せられる社会的，あるいは勉強上の要請が現実的なものであることが大切です。生徒が，他のこどもたちになされる同じ手続きや要請に正確に従わなければならないような方法をとることは非生産的ですし不公正です。それはその生徒が自分の ASD の結果としておこる多くの付加的な問題を取り扱わなければならないからです。テンプル・グランディンという非常に高機能の自閉症の女性（Sacks, 1995）が，何をしなければならず，何を言わなければならないかを常に考え続けなければならないことは頭の中で二次方程式を解いているようなものだと言いました。

　ASD の生徒に教えるための手品のような解決方法はありません。そしてどんな教職員も状況もすべての答えを示してくれるわけではありません。大切なことは教職員が，両親や，あるいはその生徒自身を含む，より専門的知識をもった人々から聴いたり学んだりする姿勢をもっているかどうか，あるいは，自分たちのアプローチに柔軟性をもっているかどうかということです。もっとも重要なのは態度を変えるということです。すなわち，こどもの行動の善悪について判断したり，それを怖れたりすることから，こどもの行動を理解し，こどもに利益をもたらすような何らかの方法を考えるようにな

らなければならないのです。

　何よりもまず，あきらめることなくこどもの成功を追求することが重要ですし，そうすることで私たちは確信をもってこどもの成長を予測しつつ，指導できるようになるのです。

引用文献・推薦図書・資源情報

引用文献

American Psychiatric Association (1994) *Diagnostic and statistical manual of mental disorders*, 4th edn. Washington DC: American Psychiatric Association.

Barber, C. (1996) 'The integration of a very able pupil with Asperger syndrome into a mainstream school' *British Journal of Special Education* 23, 19–24.

Bondy, A. S. and Frost, L. A. (1994) 'The Delaware autistic program', in Harris, S. L. and Handleman, J. S. (eds) *Preschool education programs for children with autism*. Austin: Pro-Ed.

DfE (1994) *Code of Practice on the Identification and Assessment of Special Educational Needs*. London: Department for Education.

Gerland, G. (1997) *A real person: life on the outside*. London: Souvenir Press.

Grandin, T. (1995) 'Cognition', In Schopler, E. and Mesibov, G. B. (eds) *Learning and Cognition in Autism*. New York: Plenum Press.

Jordan, R. and Jones, G. (1996) *Educational provision for children in Scotland: Report of a survey for the SOEID*. Birmingham: School of Education, University of Birmingham.

Jordan, R. and Powell, S. (1990) 'High Scope – a cautionary view', *Early Years* 11, 29–34.

Jordan, R. and Powell, S. (1995a) 'Factors affecting school choice for parents of a child with autism', *Communication*, Winter, 5–9.

Jordan, R. and Powell, S. (1995b) *Understanding and teaching children with autism*. Chichester: Wiley.

O'Neill, J. L. (1998) 'Autism – isolation not desolation', *Autism: the international journal of research and practice* 2, 199–204.

Powell, S. and Jordan, R. (1997) 'Rationale for the approach', in Powell, S. and Jordan, R. *Autism and Learning: a guide to good practice*. London: David Fulton Publishers.

Roeyers, H. (1995) 'A peer-mediated proximity intervention to facilitate the social interactions of children with a pervasive developmental disorder', *British Journal of Special Education* 22, 161–64.

Sacks, O. (1995) *An Anthropologist on Mars*. London: Picador.

Sinclair, J. (1992) 'Bridging the gap: an inside out view of autism', in Schopler, E. and Mesibov, G. (eds) *High functioning individuals with autism*. New York: Plenum Press.

Taylor, G. (1997) 'Community building in schools: developing a circle of friends', *Educational and Child Psychology* 14, 45–50.

Whitaker, P., *et al.* (1998) 'Children with autism and peer group support', *British Journal of Special Education* 25(2), 60–64.
Williams, D. (1996) *Autism: an inside-out approach.* London: Jessica Kingsley.
Wing, L. (1989) 'The diagnosis of autism', in Gillberg, C. (ed) *Diagnosis and Treatment of Autism.* New York: Plenum Press.
Wing, L. (1996) *The Autistic Spectrum.* London: Constable.
World Health Organisation (1992) *International classification of diseases, 10th revision.* Geneva: WHO.

推薦図書

Attwood, T. (1997) *Asperger syndrome: a guide for parents and professionals.* London: Jessica Kingsley.
Cumine, V., Leach, J. and Stevenson, G. (1997) *Asperger syndrome: a practical guide for teachers.* London: David Fulton Publishers.
Davies, J. (1993) *Children with autism: a booklet for brothers and sisters.* Nottingham: Early Years Centre, Ravenshead, Notts.
Davies, J. (1993) *Children with Asperger syndrome: a booklet for brothers and sisters.* Nottingham: Early Years Centre, Ravenshead, Notts.
Leicestershire County Council and Fosse Health Trust (1998) *Autism: how to help your young child.* London: National Autistic Society.
Leicestershire County Council and Fosse Health Trust (1998) *Asperger syndrome: a guide for teachers.* London: National Autistic Society.
Powell, S. and Jordan, R. (1997) *Autism and Learning: a guide to good practice.* London: David Fulton Publishers.

資源情報

Circles Network
Pamwell House, 160 Pennywell Road, Easton, Bristol B55 0TX
Telephone: 0117 9393917

National Autistic Society
393 City Road, London, EC1V 1NE
Telephone: 0171 833 2299

索　引

A

アメリカ精神医学会　3
アスペルガー症候群　3-5,17,21,38,49,54,69,88,94,95

C

地域行動支援チーム　88-89
地方教育当局　102,107
知的障害　5,21,76,81,
コミュニケーション　8,14,21-22,24-25,28,30,61,66,88,99,107,112
コンピューター支援学習　46

D

DFE　101,127
伝達意図　23,28
伝達機能　27-28
ディスカッション　61
ディスプラクシア　101
動機付け　25,43,90
DSM-IV　vi,3

E

エコラリア　81

F

不安　12,37-40,47,53,80,83,104,118
附属センター　9-10,122-123,138

G

概念発達　72
学校理事会　114
GCSEs　18
言語療法士　4,15
語義・語用障害　4
ごっこ遊び　v,9,61

H

排斥　12,41
判定書　4
反復的質問　114
ハイスコーププログラム　66
非定型自閉症　3
補助教員　115-116
保育士　115-116
訪問支援教師　16
評価ミーティング　50-51,103
評価・指導指針　101-102,133

I

ICD-10　3
いじめ　48,52-55
一般開業医　124-125

J

字義的理解　32
自閉症　*vi*, *vii*, 2-3, 5-7, 9, 21, 24, 36-37, 46, 60, 76, 93, 98, 114, 119, 121, 124
自閉症協会　16, 97, 122
自閉性スペクトラム障害　*i–iii*, 1-3, 5-12, 22, 24, 41, 45, 75, 77, 107, 112, 125
情動　24
柔軟性　4-6, 9, 59, 61-63, 137-138

K

介助職員　88
会話の困難　25
からかい　48, 52
権利擁護　64
機械的記憶　24
記憶　59, 71
個別教育計画　101-103, 107-108
攻撃性　43, 86
高機能自閉症　5, 21, 30, 42
広汎性発達障害　3
恐怖症　62
強迫性　84
教育事務所　123
教育措置　137
共感　55, 128
共通理解　116

L

ラベル付け　2

M

メニューボード　68
問題解決　9, 61-62
問題行動　6, 75, 76-78, 83, 108, 134, 135

N

仲間関係　116
仲間による指導　46
仲間利用方略　53
ナショナルカリキュラム　11, 61, 127
人称代名詞　23
逃げさり　78-81

O

OFSTED　127
オープンプラン　45-46

P

PECS（絵画交換伝達システム）　14
プレッシャー　25

R

リラクセーション　132
連絡帳　99
レット症候群　3
ロールプレイ　31, 33, 56, 90

S

差異　5
世界保健機構　3
セルフマネージメント　132
SENCO　54
選択と決定　66
サイン言語　24
診断　*vi*, 2, 4, 15
下書き過程　64-65
ソーシャルストーリー　19
ソーシャルワーカー　54
ストレス　62, 75-76, 87, 101, 125, 127, 130-131, 134
サポートアシスタント　15-17, 49, 51, 94, 114, 116, 124, 133-134
社会的スキル　*vii*, 18, 41-42, 44

社会的相互作用　5,7
障害の三つ組　5-6
小児期崩壊性障害　3
宿題　64-65,100

T

統合　*vii*,10,103
特別な教育的ニーズ　2,4,15,17,
　102-103,106,125,133
特別な教育的ニーズコーディネーター
　54-56,102,107,112-122,124,133-
　134
特殊領域助言教師　18

友達の輪　17-18,49,52-53,96,117-
　118
直接指導　26,38,46,90
通級学級　10

W

ワープロ　63-64,101

Y

余暇活動　53,117
要求　23
友人関係　19,48,55

訳者紹介
遠矢浩一(とおやこういち)
博士（教育心理学）
臨床心理士
1987年　九州大学教育学部卒業
1992年　九州大学大学院教育学研究科教育心理学専攻博士後期課程終了
現在　　九州大学大学院人間環境学府附属発達臨床心理センター助教授
主要著書：
　　コミュニケーションという謎　ミネルヴァ書房　（共著）
　　基礎から学ぶ動作訓練　　　　ナカニシヤ出版　（共著）

親と先生のための自閉症講座
通常の学校で勉強するために

2000年3月20日　初版第1刷発行　　　　定価はカバーに
2003年9月20日　初版第3刷発行　　　　表示してあります

　　　　　　　　　原著者　リタ・ジョーダン
　　　　　　　　　　　　　グレニス・ジョーンズ
　　　　　　　　　訳　者　遠矢浩一
　　　　　　　　　発行者　中西健夫
　　　　　　　　　発行所　株式会社ナカニシヤ出版
　　　　　　　　　〒606-8316 京都市左京区吉田二本松町2
　　　　　　　　　telephone　075-751-1211
　　　　　　　　　facsimile　075-751-2665
　　　　　　　　　郵便振替　01030-0-13128
　　　　　　　　　URL　　http://www.nakanishiya.co.jp/
　　　　　　　　　E-mail　iihon-ippai@nakanishiya.co.jp
印刷・創栄図書印刷／製本・兼文堂
ISBN4-88848-552-6　C0011